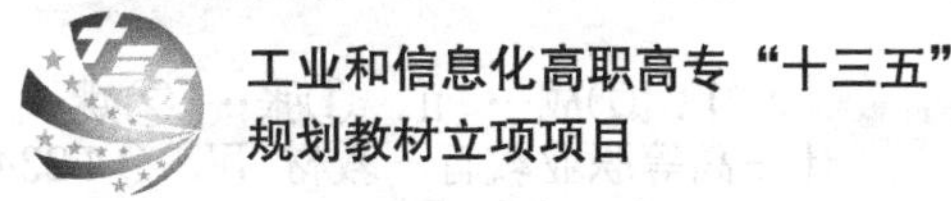

成本会计与实训

Cost Accounting and Practical Training

◎ 张聪慧 姚长佳 董恒英 主编 ◎ 唐芳柱 副主编 ◎ 康建胜 主审

人 民 邮 电 出 版 社

北 京

图书在版编目（CIP）数据

成本会计与实训 / 张聪慧，姚长佳，董恒英主编
. -- 北京 ：人民邮电出版社，2016.7（2021.1重印）
21世纪高等职业教育财经类规划教材. 财务会计类
ISBN 978-7-115-42549-2

Ⅰ. ①成… Ⅱ. ①张… ②姚… ③董… Ⅲ. ①成本会计－高等职业教育－教材 Ⅳ. ①F234.2

中国版本图书馆CIP数据核字(2016)第125645号

内 容 提 要

本书是按照成本会计职业岗位的需要，以综合职业能力的培养为中心，突破以往教材的编写框架，强调实践性、职业性和面向就业的特点，将成本会计知识分为成本会计导论、成本会计基础、成本会计核算方法和成本报表 4 个模块，具体内容由 13 个项目组成。每个项目都和企业实际工作岗位相结合，同时重点项目配有模拟练习。

本书可作为高职高专、成人高等学校和本科院校二级学院财会类专业学生的教学用书，也可作为各类企业在职会计人员的培训、自学教材，以及各类企业管理人员的参考读物。

◆ 主　编　张聪慧　姚长佳　董恒英
副 主 编　唐芳柱
主　审　康建胜
责任编辑　李育民
责任印制　焦志炜

◆ 人民邮电出版社出版发行　北京市丰台区成寿寺路 11 号
邮编　100164　电子邮件　315@ptpress.com.cn
网址　https://www.ptpress.com.cn
涿州市京南印刷厂印刷

◆ 开本：787×1092　1/16
印张：16.5　2016 年 7 月第 1 版
字数：366 千字　2021 年 1 月河北第 6 次印刷

定价：39.80 元（附小册子）

读者服务热线：(010) 81055256　印装质量热线：(010) 81055316
反盗版热线：(010) 81055315
广告经营许可证：京东市监广登字 20170147 号

前言

成本核算是高等院校会计学专业的核心课程，是从事会计工作的主要技能之一。针对高职院校会计专业的培养目标、知识结构和能力要求，本教材在内容安排上，充分考虑到企业成本核算岗位主要工作任务和岗位能力的要求，注重培养学生的实际动手能力，以满足用人单位的需要。

本书具有以下特点。

（1）教学内容与教学目标的需求相适应。本书以满足高职院校会计专业学生培养目标为出发点，以理论够用为准绳，强化实践技能的培养。

（2）编排结构合理。本书以制造型企业成本核算为主，内容分 4 个模块，模块一为成本核算导论；模块二为成本核算基础；模块三为产品成本核算；模块四为成本报表。另外，本书还配有一本成本核算综合实训教材。

（3）理论知识与实际工作深度融合。本书打破传统成本会计教材的模式，将理论与实际工作有机融合，使学生通过“学中做，做中学”来理解和运用理论知识。

（4）再现业务流程。本书成本核算的资料不再只是大量的文字描述，而是以企业各种生产费用的原始凭证为主，使得教学内容更加逼真。

本书由天津电子信息职业技术学院张聪慧、姚长佳和淮南职业技术学院董恒英担任主编，贵州轻工职业技术学院唐芳柱任副主编。参加编写的还有江西工程学院的彭燕。其中，项目一、项目四～项目九由张聪慧编写，项目二、项目三、项目十和项目十一由姚长佳编写，项目十二和项目十三由唐芳柱编写。配套的综合实训中，实训一～实训六由张聪慧编写，实训八和实训九由姚长佳编写，实训七、实训十～实训十二由董恒英编写。帝科尤艾乐（天津）电子有限公司财务总监康建胜审阅了书稿并提出了修改意见，在此对他表示感谢。

本书在编写和出版过程中参考了一些相关著作和文献，吸收了其最新研究的成果，在此也表示衷心的感谢。

编　者

2016年5月

目 录

模块一

成本核算导论

本模块主要讲授成本核算入门知识，将详细介绍三部分内容：一是产品成本和产品生产过程认知；二是成本核算岗位认知；三是成本核算的基本原理。

项目一 产品成本和产品生产过程认知

知识目标：

- ✧ 理解成本的含义、内容及作用
- ✧ 了解企业生产过程的特点及分类

技能目标：

- ✧ 能够根据产品生产的工艺流程和生产组织方式判别企业生产类型
- ✧ 能够根据企业生产类型和管理要求确定成本核算对象

项目导言：

产品成本体现着企业经营管理的整体水平，企业生产过程中各项耗费是否得到有效控制、设备是否得到充分利用、劳动生产率的高低、产品质量的优劣都直接影响着产品成本。因此，成本核算是会计的重要职能之一。但不同企业具有不同的生产特点和组织方式，对成本核算的要求也有所区别，会计的成本核算亦应着眼于企业的生产特征和管理要求。

1.1 产品成本认知

一、成本的实质

成本是会计理论中一个重要的经济概念，是商品生产发展到一定阶段逐步形成和完善起来的。成本的含义有广义和狭义之分。

1. 广义成本

广义成本是指企业生产经营过程中的所有耗费，包括耗费的人力、物力和财力。即凡是与生产经营有关的活动所发生的费用都属于成本范畴。

2. 狭义成本

狭义成本一般是指产品的制造成本，即企业为生产产品、提供劳务而发生的各种耗费。

综上所述，广义成本包括狭义成本以及为管理生产和经营活动而发生的费用。本书所指的成本是一种狭义的概念，仅指产品成本。

二、成本的内容

我国企业会计准则确定的产品成本内容主要包括为制造产品而发生的直接材料、直接人工和制造费用。

1. 直接材料

直接材料包括企业生产经营过程中实际消耗的原材料、辅助材料、配件、外购半成品、燃料、动力、包装物以及其他直接材料。

2. 直接人工

直接人工包括企业为获取直接从事产品生产人员提供的服务而支付的各种形式的报酬以及其他相关支出，包括工资、奖金、津贴和补贴、职工福利费、社会保险费、住房公积金、工会经费和职工教育经费、非货币性福利等。

3. 制造费用

制造费用包括企业各个生产单位（分厂、车间）为组织和管理生产所发生的生产单位管理人员的薪酬、生产单位房屋建筑物、机器设备等的折旧费、租赁费（不包括融资租赁费）、修理费、机物料消耗费、低值易耗品摊销费、取暖费、水电费、办公费、差旅费、运输费、保险费、设计制图费、试验检验费、劳动保护费、季节性生产和修理期间的停工损失以及其他制造费用。

以上产品制造成本的内容适用于我国境内各类制造型企业，各企业不得擅自改变国家规定的产品成本内容。

三、成本的作用

成本的经济实质，决定了成本在经济管理工作中具有极其重要的作用，主要表现在以下几个方面。

1. 成本是补偿生产耗费的尺度

企业为了保证生产经营在原有规模上的继续进行，必须对生产耗费进行补偿，成本则是衡量这一补偿份额大小的尺度。只有按照成本数额得到足额的补偿，才能保证再生产的正常进行，企业才有可能盈利；否则，就会出现资金短缺，再生产无法持续进行。

2. 成本是综合反映企业工作质量的重要指标

成本是反映企业生产经营管理工作质量的综合指标。经营管理中各方面工作的好坏，都可以直接或间接地在成本上反映出来。例如，机器设备的利用是否充分、材料物资的消耗是否节约、生产工艺的设计是否合理、供产销各环节是否顺畅、劳动生产率的高低、产品设计的好坏等，都会对成本产生影响。成本是综合反映企业工作质量的指标，因而可以通过对成本的计划、控制、监督、考核、分析等来促使企业及企业内各单位加强经济核算，努力改进管理，降低成本，提高经济效益。

3. 成本是制定产品价格的重要因素

市场经济条件下，产品的价格是产品价值的货币表现，它以价值为基础，并围绕价值上下波动。在现实的市场经济中，产品价格的制定要根据国家的经济政策、产品的比价关系、市场竞争情况、社会供求关系和成本等因素来综合确定，其中，成本是产品价格制定的最低经济界限。一般情况下，产品的价格不能低于产品的成本水平，否则企业就不能补偿生产过程中的消耗，保证再生产的顺利进行。因此，产品成本是制定产品价格的重要因素。

4. 成本是企业经营决策的重要依据

努力提高在市场上的竞争力和经济效益，是社会主义市场经济条件下对企业的客观要求。在市场经济条件下，企业要在激烈的竞争环境中立足，并获得生存和发展的契机，就必须根据市场需要和自身经营状况，做出果断、正确的决策。当企业根据决策目标，从各种备选方案中选择最优方案时，虽然有许多因素需要考虑，但成本是其中必须考虑的因素之一。因为对决策方案的分析和评价都离不开成本—效益的分析，而产品成本是效益分析的基础，它为决策提供重要依据。较低的成本，可以使企业在市场竞争中处于有利地位。

1.2　产品生产过程认知

一、产品生产过程

任何一种产品，从原料到成品都需要经过一定的加工制造过程，即生产过程。一般对生产过程有广义和狭义两种理解。

广义的生产过程是指包含了生产技术准备、加工制造、辅助生产和后勤服务等企业范围内全部生产活动协调配合的运行过程。

狭义的生产过程是指从投料开始，经过一系列的加工，直至成品生产出来的全部过程。在生产过程中，主要是劳动者运用劳动工具，直接或间接地作用于劳动对象，使之按照人们的预定目的变成工业产品。本书所讨论的生产过程是指狭义的生产过程。

二、产品生产过程的分类

1. 按照工艺过程分类

产品生产按照工艺过程可分为单步骤生产和多步骤生产。

（1）单步骤生产：单步骤生产也称简单生产，是指生产工艺过程不能间断，或者受工作地点限制，生产地点不便分散间断而必须集中完成的生产。其主要特点是生产工艺过程技术较简单，生产周期较短，产品品种不多且稳定，通常没有在产品、半成品或其他中间产品。例如，发电、供水和采掘等企业的生产都属于这种类型。

（2）多步骤生产：多步骤生产又称复杂生产，是指工艺技术上可以间断，可以在不同时间、不同地点分别进行，并由若干加工步骤组成的生产。其主要特点是生产工艺过程技术复杂、生产周期长、生产需由多个车间或多个企业协作完成。例如，冶金、纺织、机械制造等企业的生产都属于这种类型。

多步骤生产按其产品加工方式不同，又可分为连续加工式生产和装配加工式生产两种类型。

① 连续加工式生产。连续加工式生产是指原材料投入后顺序经过若干步骤的连续加工制成产成品的生产。连续加工除了最后步骤生产出完工产品外，其他各步骤完工的产品都是自制半成品，而这些自制半成品往往又是后续步骤的加工对象。例如，纺织、冶金等企业的生产都属于这种类型。连续加工式生产流程如图 1-2-1 所示。

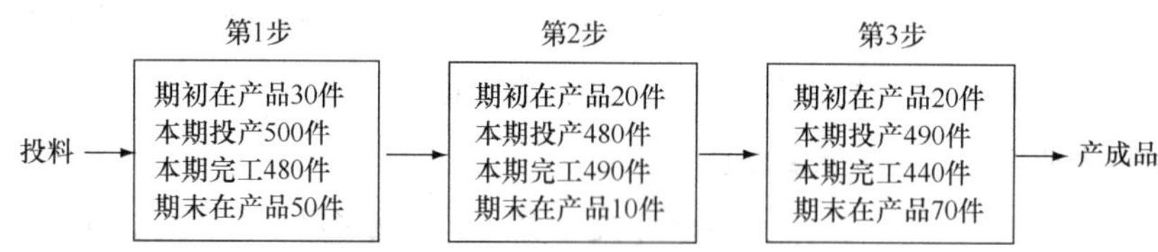

图 1-2-1 连续加工式生产流程图

② 装配加工式生产。装配加工式生产又称平行加工式生产，是指各生产步骤同时投料，平行加工制成各种零（部）件，然后由装配步骤将零（部）件装配成产成品的生产方式。例如，机床制造、汽车制造等企业的生产都属于这种类型。装配加工式生产流程如图 1-2-2 所示。

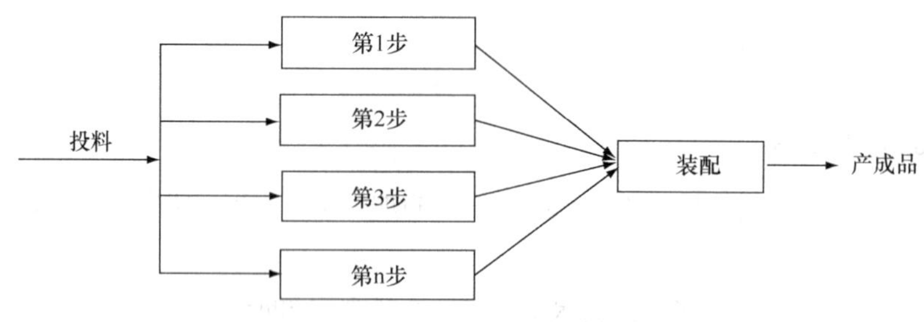

图 1-2-2 装配加工式生产流程图

2. 按照组织方式分类

产品生产按照生产组织方式可划分为大量生产、成批生产、单件生产。

（1）大量生产：大量生产是指不断地重复生产相同产品的生产。其主要特点是企业生产的产品品种较为单一，各品种产品的产量较大，通常采用专用设备重复地进行生产，生产专业化程度较高。例如，冶金、纺织、发电等企业的生产都属于这种类型。

（2）成批生产：成批生产是指企业按照事先规定的产品批次和数量进行的生产。其主要特点是产品的品种较多，且各种产品的生产往往是成批地、重复地进行。例如，服装、机械制造等企业的生产都属于这种类型。成批生产按照产品批量的大小，又可以分为大批生产和小批生产两种类型，前者的性质接近于大量生产，后者的性质接近于单件生产。

（3）单件生产：单件生产是指根据订货单位的要求进行某种特定规格产品的生产。其主要特点是企业生产产品的品种较多，每种产品按客户要求生产一件或几件后不再重复生产，或根据客户要求不定期重复生产。例如，造船、重型机械等企业的生产都属于这种类型。

由于成批生产中的大批生产与大量生产的特点相近，所以，习惯上合称“大量大批生产”。同样，小批生产的特点与单件生产相近，习惯上合称“单件小批生产”。有的企业，生产的产品品种繁多，批量大小的差别也很大，习惯上称之为“多品种中小批量生产”。“大量大批生产”“单件小批生产”和“多品种中小批量生产”的说法比较符合企业的实际情况，如图 1-2-3 所示。

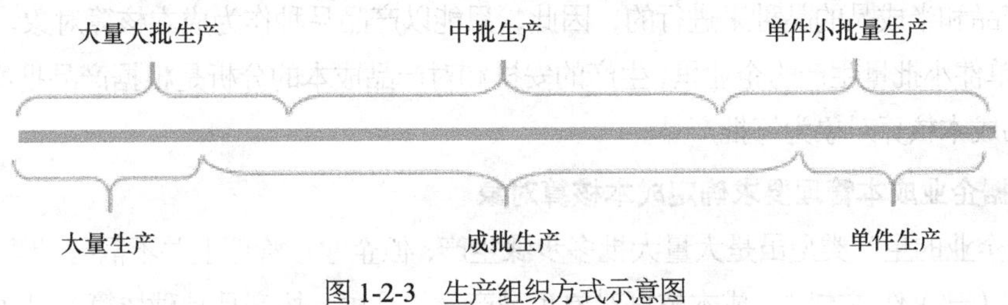

图 1-2-3　生产组织方式示意图

上述生产的两种分类方法是有着密切联系的。一般情况下，单步骤生产或连续加工式生产在生产类型上通常都是大量或大批生产；而装配加工式生产则既可能是大量或大批生产，也可能是单件或小批生产。两种分类方法的联系如图 1-2-4 所示。

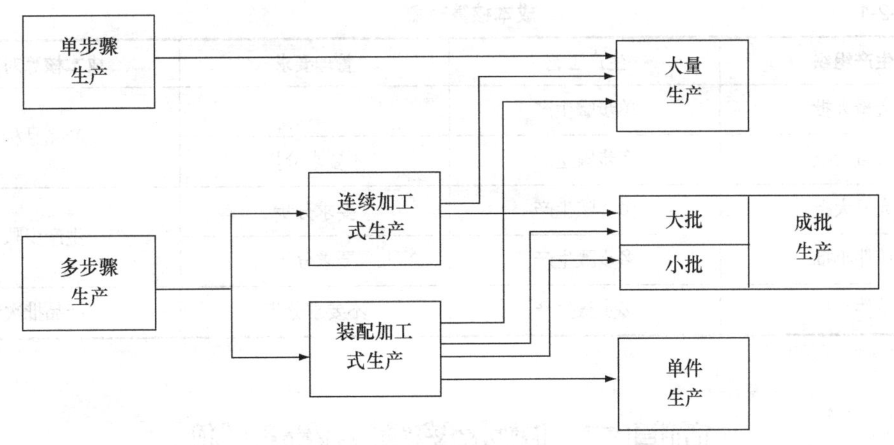

图 1-2-4　工艺过程和组织方式关系示意图

三、成本核算对象的确定

成本核算对象，是指计算产品成本过程中，确定归集与分配生产费用的承担客体。为了正确计算产品成本，首先就要确定成本核算对象，以便按照每一个成本核算对象，分别设置产品“生产成本”明细账，归集各个对象所应承担的生产费用，计算出各对象的总成本和单位成本。因此，正确确定成本核算对象，是保证成本核算质量的关键问题。

产品成本核算的对象应当根据企业生产类型，结合成本管理的要求来确定。

1. 根据企业生产特点确定成本核算对象

（1）生产工艺过程不同，成本核算对象也不同。

① 在单步骤生产中，由于工艺过程的不可间断性，因此，没有必要或者不可能分步骤来计算产品成本，只能以产品品种作为成本核算对象来计算每种产品的成本。

② 在多步骤生产中，由于工艺过程由许多可以间断、分散在不同地点进行的生产步骤所组成，所以不仅要求把产品品种作为成本核算对象，而且还要求按照生产步骤计算每种产品所经过的各步骤成本。

（2）生产组织方式不同，成本核算对象也不一样。

① 在大量大批生产的企业里，产品和半成品的品种较固定，生产的安排和对产品成本的分析是根据产品和半成品的品种来进行的，因此，只能以产品品种作为成本核算对象。

② 在单件小批量生产的企业里，生产的安排和对产品成本的分析是根据产品批次来进行的，因此，产品成本核算对象为每批产品。

2. 根据企业成本管理要求确定成本核算对象

（1）当企业的生产类型虽是大量大批多步骤生产，但企业在管理上并不需要计算及分析半成品成本或零（部）件成本时，成本核算对象也是产品的品种，按产品品种核算产品成本。

（2）当企业规模较大，生产类型是单件小批量生产时，按生产步骤核算产品成本。例如，大中型装配式生产企业，为了加强各步骤的成本管理，成本核算对象为每批产品的生产步骤。

综上所述，成本核算对象的确定如表 1-2-1 所示。

表 1-2-1　成本核算对象

<table>
<tr><th>生产组织</th><th>生产工艺</th><th>管理要求</th><th>成本核算对象</th></tr>
<tr><td>大量大批</td><td>单步骤生产</td><td></td><td rowspan="2">产品品种</td></tr>
<tr><td>大量大批</td><td>多步骤生产</td><td>不要求分步</td></tr>
<tr><td>大量大批</td><td>多步骤生产</td><td>要求分步</td><td rowspan="2">生产步骤</td></tr>
<tr><td>单件小批</td><td>多步骤生产</td><td>要求分步</td></tr>
<tr><td>单件小批</td><td>多步骤生产</td><td>不要求分步</td><td>产品批次</td></tr>
</table>

项目二　成本核算岗位认知

知识目标：

✧ 理解成本核算的对象

✧ 掌握成本核算岗位的职能和任务

✧ 理解成本核算的组织工作

技能目标：

- ✧ 了解成本核算的工作职责
- ✧ 能够判别企业适用的成本核算的组织形式

项目导言：

现代成本核算岗位应当具有成本核算、成本预测、成本决策、成本计划、成本控制、成本分析和成本考核等各项职能。要保证成本核算工作质量和完成成本核算工作任务，就应当建立和健全成本核算岗位的基础工作。合理组织成本核算工作，必须有合适的成本核算机构、合格的成本核算人员和必要的制度保证。

2.1　成本核算的职能与任务

一、成本核算的对象

成本核算的对象指的是成本核算工作中核算和监督的内容。成本核算的对象可概括为企业生产经营过程中发生的生产经营业务成本和期间费用，简称成本、费用核算。

随着经济的发展与科技的进步，及企业经营管理要求的提高，成本的概念和内容在不断发展、变化；随着成本概念的发展、变化，成本核算的对象也相应地发展、变化。现代成本核算的对象，应该包括企业生产经营业务成本、有关的期间费用和各种专项成本。

二、成本核算工作的职能

成本核算工作的职能，是指成本核算作为一种管理经济的活动，在生产经营过程中所能发挥的作用。由于现代成本核算工作与管理紧密结合，因此，它实际上包括了成本管理的各个环节。现代成本核算工作的主要职能有成本预测、成本决策、成本计划、成本控制、成本核算、成本分析和成本考核。

1. 成本预测

成本预测是指依据与成本有关的数据、信息和其他有关的资料，并结合未来的发展变化情况，运用专门的分析方法，对未来成本水平及变化趋势做出的科学合理的分析和估测。通过成本预测，有助于选择最优方案合理组织生产，从而减少工作的盲目性。

成本预测的主要内容包括：在编制成本计划时，应预测企业计划期目标成本，以及在产品产量、品种、质量和价格等因素发生变化的情况下的总成本水平和成本变化的趋势；在生产过程中，根据生产预测和计划，对其中的成本进行预测，从而揭示成本计划的执行情况和完成程度；根据日常的核算资料和经营管理的状况，预测单位产品成本水平的变化趋势；运用各项成本指标和有关资料预测企业各项技术经济工作的经济效果。

2. 成本决策

成本决策是指以成本预测的数据或情况为基础，结合企业的实际情况，运用专门的方法，对有关方案进行判断、分析，从中选择最优成本方案的过程。进行正确的成本决策，有助于企业科学、合理地编制成本计划，从而达到降低成本、提高经济效益的目的。

3. 成本计划

成本计划是指根据决策所确定的目标，确定计划期内为完成计划产量所应发生的耗费和各种产品的成本水平，同时也提出为完成上述成本指标应采取的措施和方法。

企业的成本计划一般包括两部分内容：按照生产要素确定的生产耗费编制生产费用预算，如变动性制造费用采用弹性预算，固定性制造费用采用固定预算；按照生产费用的经济用途，即按产品成本项目编制产品单位成本计划和全部商品产品成本计划。

4. 成本控制

成本控制是指按预先制定的成本标准或成本计划指标，对实际发生的费用进行审核，并将其限制在标准成本或计划内，同时揭示和反馈实际与标准或与计划之间的差异，并采取措施消除不利因素，以使实际成本达到预期目标。通过成本控制，可促使企业顺利完成成本计划。

成本控制的基本内容是：对各种费用开支进行控制；对各项生产经营活动所消耗的物质资料进行控制；对各项生产经营活动进行控制，以达到提高经济效益的目的。

5. 成本核算

成本核算是对经营活动过程中实际发生的成本、费用按照一定的对象和标准进行归集和分配，并采用适当的成本计算方法，计算出各对象的总成本和单位成本。成本核算是成本核算工作的核心。成本核算的过程，既是对产品生产过程中的各种劳动耗资进行如实反映的过程，也是对产品生产过程中各种费用的发生实施控制的过程。通过成本核算提供的资料，可以反映成本计划的完成情况，为编制下期成本计划、进行未来的成本预测和成本决策提供依据。

6. 成本分析

成本分析是根据成本核算所提供的成本数据和其他有关资料，通过与本期计划成本、上年同期实际成本、本企业历史先进成本水平以及国内外先进企业的成本等进行比较，分析成本水平与构成的变动情况，研究成本变动的因素和原因，挖掘降低成本的潜力。成本分析一般在事后进行，其主要内容包括全部产品总成本计划完成情况分析、可比产品成本计划完成情况分析、单位产品成本分析、生产费用预算执行情况分析、主要经济技术指标变动对成本影响的分析、国内外同类产品成本对比分析等。通过成本分析，可以为成本考核提供依据，为未来成本的预测和决策以及编制新的成本计划提供资料。

7. 成本考核

成本考核是指在成本分析的基础上，定期地对成本计划或成本控制任务的完成情况进行检查和评价，并结合责任单位的业绩给予必要的奖惩，以充分调动广大职工执行成本计划的积极性。

成本考核的指标主要有：全部产品实际成本比计划成本降低率；可比产品成本降低率；各种主要产品单位成本降低率；成本差异率以及有关的技术经济指标。

成本核算工作的各项职能是相互联系、相互补充的一个有机整体。在这一体系中，成本核算是成本核算工作最基本、最重要的职能。这是因为成本预测、决策、计划，必须以过去的成本核算资料为重要依据；成本控制也需要依据成本核算提供的各种信息实施控制；成本考核和成本分析更需要成本核算提供成本计划实际完成情况的数据资料。没有成本核算，就没有成本核算工作；没有成本核算职能，也就不存在成本核算工作的其他职能。成本核算工作有狭义和广义之分，狭义的成本核算工作只包括成本核算和成本分析两部分内容，而对成本进行预测、决策、计划、控制、核算、分析和考核的成本核算才是现代的广义的成本核算工作，实际上也就是成本管理。

三、成本核算工作的任务

1. 正确计算产品成本，及时提供成本信息

只有成本数据正确可靠，才能满足管理的需要。如果成本资料不能反映产品成本的实际水平，不仅难以考核成本计划的完成情况和进行成本决策，而且还会影响利润的正确计量和存货的正确计价，歪曲企业的财务状况。及时编制各种成本报表，可以使企业的有关人员及时了解成本的变化情况，并作为制定售价、做出成本决策的重要参考资料。

2. 优化成本决策，确立目标成本

优化成本决策，需要在科学的成本预测基础上收集整理各种成本信息，在现实和可能的条件下，采取各种降低成本的措施，从若干可行方案中选择生产每件合格产品所消耗活劳动和物化劳动最少的方案，使成本最低化作为制定目标成本的基础。为了优化成本决策，需增强企业员工的成本意识，使之在处理每一项业务活动时都能自觉地考虑和重视降低产品成本的要求，把所费与所得进行比较，以提高企业的经济效益。

3. 加强成本控制，防止挤占成本消除效益

加强成本控制，首先是进行目标成本控制，主要依靠执行者自主管理，进行自我控制，以促使其提高技术，厉行节约，注重效益；其次是遵守各项法规的规定，控制各项费用支出、营业外支出等挤占成本。

4. 建立成本责任制度，加强成本责任考核

成本责任制是对企业各部门、各层次和执行人在成本方面的职责所做的规定，是激发职工降低成本的责任心，发挥其主动性、积极性和创造力的有效办法。建立成本责任制度，要把完成成本降低任务的责任落实到每个部门、层次和责任人，使职工的责、权、利相结合，职工的劳动所得同劳动成本相结合；各责任单位与个人要承担降低成本之责，执行成本计划之权，获得奖惩之利。实行成本责任制度时，成本核算工作要以责任者为核算对象，按责任的归属对所发生的可控成本进行记录、汇总、分配整理、计算、传递和报告，并根据各责任单位或个人的实际可控成本与其目标成本相比较，揭示差异，寻找原因，据以确定奖惩并挖掘进一步降低成本的潜力。

2.2 成本核算的基础工作

为了加强成本审核、控制，正确、及时地核算产品成本，保证成本核算工作的质量，企业必须做好以下几项基础工作。

一、建立和健全原始记录制度

原始记录是反映企业生产经营活动的原始资料，是进行费用和成本核算，分析消耗定额、费用预算和成本计划完成情况的依据。一般来说，企业需要设置以下原始记录。

（1）反映材料物资动态的原始记录，如领料单、退料单、材料盘点盈亏报告单等。

（2）反映劳动耗费的原始记录，如考勤表、加班加点记录、工资结算单等。

（3）反映生产经营活动及其成果的原始记录，如生产通知书、产品入库单、废品报告单等。

二、建立和健全定额管理制度

定额是企业根据本单位当前的生产条件和技术水平，充分考虑各方面的因素，在生产经营成果的数量和质量，以及人力、物力和财力的消耗等方面所规定的应达到的指标。定额数据需要随着企业生产条件、技术水平和管理要求的变化及时修订，否则对企业的管理是一件不利的事情。企业实施定额管理所应制定的主要定额如下。

（1）原材料、燃料、辅助材料消耗定额。

（2）动力消耗定额。

（3）工具夹具消耗定额。

（4）劳动消耗定额。

（5）设备消耗定额。

（6）费用消耗定额。

三、建立和健全计量验收制度

计量是成本核算的基础，一个企业如果计量基础不够健全，就无法取得准确的成本数据，这样就导致它的成本计算也是不实的。为了保证数量准确和质量可靠，企业中各种材料物资以及产成品的收、发、领、退都必须认真进行计量和检验，填制必要的凭证，办理必要的手续。

四、建立和健全内部结算价格和结算制度

在生产经营过程中，企业内部各单位之间常常会相互提供半成品、材料和劳务等，为了划分企业内部各单位的经济责任，明确各单位工作业绩以及总体评价与考核的需要，应对企业内部流转的各种财产物资以及相互提供的劳务制定合理的内部结算价格，作为内部结算的依据。

2.3 成本核算的组织工作

一、成本核算的机构设置

成本核算机构是指企业从事成本核算工作的职能单位，是企业会计机构的组成部分。设置成本核算机构应明确企业内部对成本核算应承担的职责和义务，坚持分工与协作相结合，统一与分散相结合，专业管理与群众管理相结合的原则，使成本核算机构的设置与企业规模大小、业务繁简、管理要求相适应。

由于成本核算工作是会计工作的一部分，因而企业的成本核算机构一般是企业会计机构的一部分。在大中型企业，厂部的成本核算机构一般设在厂部会计部门中，是厂部会计处的一个成本核算科室。在小型企业，通常在会计部门中设置成本核算组或配备专职成本核算人员负责成本核算工作。

厂部成本核算机构是全厂成本核算的综合部门，其主要职责为：负责组织全厂成本的集中统

一管理，为企业管理当局提供必要的成本信息；进行成本预测和成本决策；编制成本计划，并将成本计划分解下达给各责任部门；实行日常成本控制，监督生产费用的支出；正确地核算企业产品成本及有关费用；检查各项成本计划的执行结果，分析成本变动的原因；考核各责任部门和个人的成本责任完成情况，实行物资利益分配；组织车间成本核算和管理，加强对班组成本核算的指导和帮助；制定全厂的成本核算制度，配备必要的成本核算人员。

二、成本核算工作的组织结构

成本核算工作通常有集中核算和分散核算两种方式。

1. 集中核算

集中核算是指由厂部的成本核算机构集中负责制定成本计划与定额，完成成本核算和分析等方面的工作。其他职能部门或车间一般只负责提供成本核算的原始资料，同时按照厂部下达的有关成本控制的考核指标，分项核算本部门或车间的材料、工时和费用。采用这种工作方式，优点是减少了核算层次和核算人员；缺点是不利于车间掌握和控制成本，不利于调动各层次的积极性，不利于企业内部其他各生产单位（分厂或车间）和职能部门及时地考核与分析其生产费用和产品成本的升降情况。这种组织形式一般适用于成本核算工作较为简单的企业。

2. 分散核算

分散核算是指成本核算等方面的工作，分散由各分厂、车间等生产单位，以及其他有关部门和厂部的成本核算机构分别完成。厂部的成本核算机构对各生产单位和其他有关部门的成本核算机构的工作进行指导、监督，负责成本数据的最后汇总，对全厂成本进行综合的预测、决策、计划、控制、核算、分析、考核和检查。采用这种工作方式，优点是有利于成本费用的分级管理和责任成本的核算，能充分调动全体职工增产节约、降低成本的积极性；缺点是增加了核算层次和核算人员，同时也增加了成本核算的工作时间和费用。这种组织形式一般适用于成本核算工作较为复杂、各部门独立性较强的企业。

企业应结合自身的实际情况，本着扬长避短的原则确定成本核算工作的分工方式。一般来说，中小型企业应采用集中核算方式，大中型企业应采用分散核算方式，也可以在一个企业中将两种方式结合起来利用。

三、成本核算人员

成本核算人员是指在会计机构或专设成本核算机构中所配备的成本工作人员，负责对企业日常的成本工作进行处理。由于成本核算工作是一项综合性很强的工作，在企业管理工作中居于重要地位，其工作质量直接影响到企业工作的效果，所以对成本核算工作人员素质要求比较高。

成本核算人员应具备以下能力：会计知识面广，对成本理论和实践有较好的基础；熟悉企业生产经营的流程（工艺过程）；脚踏实地、实事求是；具有良好的职业道德等。成本核算人员应认真完成成本核算工作的各项任务，并从降低成本、提高企业经济效益的角度出发，参与制定企业的生产经营决策。为此，成本核算人员应该经常深入生产经营的各个环节，深入了解企业生产经营的实际情况，及时发现成本管理中存在的问题并提出改进成本管理的意见和建议，为企业管理和决策提供数据。

成本核算人员的主要工作职责如下。

（1）依照财务会计制度和成本管理条例，结合本企业生产经营活动的特点及经济管理要求，制定本企业的成本管理和核算办法，确定各项费用的开支标准和范围。

（2）建立健全各项成本费用的原始记录、消耗定额和计量检验制度等，做好成本核算的基础工作。

（3）根据本企业的生产经营计划和生产工艺流程，编制成本、费用计划，并将成本指标层层分解到各成本责任部门，建立健全成本考核体系，以控制成本，不断降低生产费用。

（4）进行生产成本核算。对于生产经营活动中发生的各项费用，进行审核、分类、记录、归集和分配，正确计算产品成本。

（5）在正确执行成本开支范围和费用开支标准的基础上，正确进行期间费用的核算。

（6）根据各种成本资料，分析成本计划的执行情况，预测成本变化趋势，比较同行业的成本水平，不断寻求降低成本、费用的途径。

（7）准确、及时地编制各种成本费用会计报表。

（8）指导所属各部门的成本核算和成本管理工作。

（9）制定和修订本企业的各项成本核算制度。

四、成本核算制度

为规范会计工作，我国制定了专门的会计法律、法规和制度，成本核算机构和核算人员也必须严格按照有关会计法律、法规和制度的规定进行成本核算，实行会计监督。另外，各企业为了规范本企业的成本核算工作，一般会结合企业自身的生产经营特点和管理上的需求，根据国家的各种成本核算法规和制度，具体制定本企业的成本核算制度等，作为企业开展成本核算工作具体、直接的依据。

企业内部成本核算制度一般包括以下几个方面。

（1）成本核算岗位职责的确定、实施和考核制度。

（2）成本预测和决策的制度。

（3）成本定额、计划和费用预算制度。

（4）成本控制制度。

（5）成本核算制度。

（6）成本报表制度。

（7）成本分析制度。

（8）其他有关成本核算方面的制度。

上述成本核算制度中，成本核算制度是所有制度的核心内容。它主要包括成本核算的基础工作（原始记录、计量验收、定额管理等）、成本核算的基本要求、成本核算的范围、成本核算的基本程序以及成本核算的方法等。

项目三　成本核算的基本原理

知识目标：

- ✧ 理解成本核算的原则
- ✧ 掌握成本核算的基本要求

技能目标：

- ✧ 能够正确划分各种费用界限
- ✧ 能够正确设置成本核算的账户

项目导言：

成本核算作为会计的主要职能，既要符合《企业会计准则》《行业会计制度》等对会计核算的基本要求，也要符合企业的生产特点和成本管理的特定要求。为了正确核算产品成本，应严格遵守成本核算的一般原则、基本要求及相关规定。

3.1　成本核算的原则和要求

一、成本核算的一般原则

成本核算应遵循的一般原则主要包括以下几项。

（1）合法性原则。合法性原则是指计入成本的费用都必须符合法律、法令、制度等的规定。不合规定的费用不能计入成本。

（2）可靠性原则。可靠性包括真实性和可核实性。真实性就是所提供的成本信息与客观的经济事项相一致，不应掺假，或人为地提高、降低成本。可核实性是指成本核算资料按一定的原则由不同的会计人员加以核算，都能得到相同的结果。真实性和可核实性是为了保证成本核算信息的正确可靠。

（3）相关性原则。相关性包括成本信息的有用性和及时性。有用性是指成本核算要为管理者提供有用的信息，为成本管理、预测、决策服务。及时性是强调信息取得的时间性。及时的信息反馈，有利于及时地采取措施，改进工作。

（4）分期核算原则。企业为了取得一定期间所生产产品的成本，必须将生产活动按一定阶段（如月、季、年）划分为各个时期，分别计算各期产品的成本。成本核算的分期，必须与会计年度的分月、分季、分年相一致，这样可以便于利润的计算。

（5）权责发生制原则。应由本期成本负担的费用，不论是否已经支付，都要计入本期成本；不应由本期成本负担的费用（即已计入以前各期的成本，或应由以后各期成本负担的费用），虽然在本期支付，也不应作为本期成本，以便正确提供各项的成本信息。

（6）实际成本计价原则。生产所耗用的原材料、燃料、动力要按实际耗用数量的实际单位成本计算，完工产品成本的计算要按实际发生的成本计算。

（7）一致性原则。成本核算所采用的方法，前后各期必须一致，以使各期的成本资料有统一的口径，前后连贯，互相可比。

（8）重要性原则。对于成本有重大影响的项目应作为重点，力求精确。而对于那些不太重要的琐碎项目，则可以从简处理。

二、成本核算的基本要求

为了做好成本核算工作，提高成本核算质量，充分发挥成本核算的作用，必须遵守下列成本核算的基本要求。

1. 划分各种费用界限

（1）正确划分生产经营费用和非生产经营费用的界限：企业的经营活动是多方面的，除了生产经营活动以外还有其他方面的经济活动，因而费用支出的途径也是多方面的。因此，企业在进行产品成本核算时必须划清收益性支出和资本性支出。

① 对于构建固定资产、无形资产的支出和对外投资的支出，不能计入或不能直接计入产品成本。

② 对于罚款、税收滞纳金、捐赠、赞助费等与生产经营无直接关系的支出，也不能计入产品成本。

混淆生产经营费用和非生产经营费用的界限，不仅会影响本期及以后期间产品成本、企业损益的正确计算，也会影响企业利润构成的客观性。

（2）正确划分各个会计期间的费用界限：为了按月分析和考核产品成本计划的完成情况，企业必须按月结算费用并计算产品成本和期间费用。根据权责发生制原则，企业应正确核算待摊和预提费用。

① 应由本月产品成本和期间费用负担的费用应该全部计入本月产品成本和本月期间费用。

② 虽在本月发生，但应由以后各月产品成本和期间费用负担的费用，应该记为待摊费用，分配计入以后各月产品成本和期间费用。

③ 本月虽然尚未发生，但应由本月产品成本和期间费用负担的费用，应作为预提费用，预先分配计入本月产品成本和期间费用。

（3）正确划分生产费用和经营管理费用的界限：企业发生的费用性支出，必须根据其经济用途分清是生产费用还是经营管理费用。生产费用计入产品成本，经营管理费用不计入产品成本而直接计入当期损益。任意扩大或缩小成本、费用开支范围，多计或少计成本、费用，都会影响到成本和利润的真实性，从而不利于企业的经营管理。

（4）正确划分各种产品的费用界限：如果企业生产的产品不是一种，而是多种，为了考核各种产品的成本计划完成情况或成本定额执行情况，企业还应分别计算各种产品的成本；对于几种产品共同发生的费用，应根据受益原则分配，谁受益谁分摊，多受益多分摊，少受益少分摊。

① 凡能分清由某种产品负担的费用，应直接计入该种产品的成本。

② 不能分清由哪种产品负担的费用，应采用适当的方法加以分配计入各种产品成本。

在划分各种产品费用界限时，不得有意提高某种产品成本而压低其他产品成本，借以掩盖成本超支、以盈补亏或虚报成本的错误做法。

（5）正确划分完工产品与在产品的费用界限：月末计算各种产品成本时，如果该种产品已全部完工，那么计入这种产品的生产费用就是该种产品的生产成本；如果该种产品既有完工产品又有未完工产品，就要采用适当的分配方法将生产费用在完工产品与月末在产品之间进行分配，以便正确计算完工产品和月末在产品成本。分配的方法既要科学合理，又要简便易行，不得任意提高或压低月末在产品成本，避免人为地调节完工产品成本的错误做法。

2. 正确确定计价结转方法

企业生产经营过程中使用的财产物资，其价值将逐渐转移到产品的成本中去。因此，财产物资的计价和价值的结转方法，也是影响产品成本准确性的重要因素。为了正确计算成本，对于各种财产物资的计价和价值的结转，应严格执行国家统一的会计制度。各种方法一经确定，应保持相对稳定，不能随意改变，以保证成本信息的可比性。为了正确地计算成本、费用，对于这些财产物资的计价和价值结转的方法既要合理，又要简便，同时要保持相对稳定，以保证成本信息的可比性。

3. 做好成本核算的基础工作

为了保证产品成本核算的质量，达到对产品进行正确计划、控制和分析的目的，必须做好成本核算的基础工作。成本核算正确与否，取决于基础工作的扎实程度。

4. 选择适当的成本核算方法

产品成本是在生产过程中形成的。产品的生产工艺过程和生产组织特点不同，则所采用的成本核算方法也不同。同时，产品成本核算方法的选择也要考虑到企业管理的要求，管理要求不同，也应采用不同的成本计算方法。

3.2 成本核算的基本程序及账户设置

一、成本核算的基本程序

成本核算的基本程序是指根据成本核算的要求，按照成本核算对象，将企业在生产经营过程中发生的各项费用，逐步进行分配和归集，最后计算出各种产品的生产成本和各项期间费用的基本过程。产品成本核算的基本程序如下。

1. 严格审核和控制各项生产费用的支出

根据国家有关制度、规定和企业的费用计划、定额，对实际发生的费用进行严格的审核和控制，对不符合制度、规定，不符合计划、定额的费用应加以控制和制止，且不得计入产品成本。

2. 正确划分各个会计期间的费用界限

按照会计分期核算原则和权责发生制原则，正确划分应计入本期成本和不应计入本期成本的费用。

3. 将应计入本期产品成本的生产费用在各种产品之间进行横向分配

（1）对于生产一种产品的企业，应计入本期产品成本的费用都是直接费用，全部由这种产品负担。

（2）对于生产多种产品的企业，对应计入本期产品成本的费用，凡能分清是哪种产品耗用的直接费用，按成本项目直接计入该种产品“生产成本”明细账中；对不能分清是哪种产品耗用的间接费用，应选择适当的标准在各种产品之间进行分配，然后按成本项目计入各种产品“生产成本”明细账中。

4. 计算月末完工产品成本与月末在产品成本

（1）如果月末产品全部未完工，则期初在产品成本与本期生产费用之和即为月末在产品成本。

（2）如果产品在月末既有完工产品又有在产品，则应将期初在产品成本与本期生产费用之和在本期完工产品和期末在产品之间进行纵向分配，计算出月末完工产品成本和月末在产品成本。

（3）如果月末产品全部完工，则期初在产品成本与本期生产费用之和即为月末完工产品成本。

二、成本核算的账户设置

为了核算产品成本，应设立“生产成本”和“制造费用”总账账户。为了分别核算基本生产成本和辅助生产成本，还应在“生产成本”总账账户下分别设立“基本生产成本”和“辅助生产成本”两个二级明细账户，也可以直接把“生产成本”账户分为“基本生产成本”和“辅助生产成本”两个总分类账户进行核算。本教材按分设后的两个总分类账户进行讲述。

1. “基本生产成本”账户

基本生产是指为了完成企业主要生产目的而进行的产品生产。“基本生产成本”账户主要用于归集企业基本生产部门所发生的各项生产费用。其借方登记企业基本生产部门从事基本生产活动所发生的直接材料费用、直接人工费用、其他直接费用和自“制造费用”账户转入的基本生产部门发生的制造费用；贷方登记结转计入“库存商品”账户的完工入库产品的成本。该账户的余额在借方，反应基本生产部门期末尚未完工的在产品成本。本账户应按产品品种或产品批次、生产步骤等成本核算对象设置产品“生产成本”多栏式明细账，账内按成本项目分设专栏进行明细登记。“基本生产成本”明细账格式样例如表 3-2-1 所示。

表 3-2-1　　“基本生产成本”明细账

产品名称：

年		凭证号数		摘要	借方	成本项目		
月	日	字	号			直接材料	直接人工	制造费用

2. "辅助生产成本"账户

"辅助生产成本"账户主要用于归集企业辅助生产部门为基本生产部门和其他部门进行的产品生产和劳务所发生的生产费用，用以核算辅助生产产品和劳务成本。其借方登记为进行辅助生产而发生的各项费用；贷方登记转出的完工入库产品的成本和分配转出的劳务费用；如有余额则在借方，表示辅助生产在产品的成本；如辅助生产车间提供劳务服务，则月末无余额。本账户应按车间类别，以及劳务或产品类别设置明细账，账内按辅助生产的成本项目或费用项目设专栏进行明细登记。"辅助生产成本"明细账格式样例如表3-2-2所示。

表3-2-2　"辅助生产成本"明细账

车间名称：

产品（劳务）：

年		凭证号数		摘要	借方	原材料	工资	折旧	水电费	办公费
月	日	字	号							

3. "制造费用"账户

"制造费用"账户主要用来核算企业生产部门为组织和管理生产所发生的各项间接费用，以及不能直接计入产品成本的机器设备的折旧、修理等费用。其借方登记实际发生的制造费用。除季节性生产企业外，该账户月末无余额。本账户应按车间或部门来设置明细账，账内按费用项目设专栏进行明细登记。"制造费用"明细账格式样例如表3-2-3所示。

表3-2-3　"制造费用"明细账

车间名称：

年		凭证号数		摘要	借方	原材料	工资	折旧	水电费	办公费	运费
月	日	字	号								

除此之外，在产品成本核算过程中，除了以上的账户设置外，还会涉及"废品损失"账户、"停工损失"账户、"应付职工薪酬"账户、"销售费用"账户、"管理费用"账户以及"财务费用"账户。

模块二

成本核算基础

本模块主要讲授成本核算基础知识，将详细介绍五部分内容：一是各要素费用（材料费用、人工费用、外购动力费用和折旧费用等）的归集方法以及如何在多个受益对象之间的分配方法；二是辅助生产费用的归集和分配方法；三是制造费用的归集和分配方法；四是损失性费用的归集和分配方法；五是上述各种费用在完工产品与月末在产品之间进行分配的各种方法。

项目四　要素费用的归集和分配

知识目标：

- ✧ 熟悉制造型企业要素费用的主要内容
- ✧ 理解各有关费用各种分配方法的优、缺点和适用范围
- ✧ 掌握各成本构成要素的分配方法和费用分配表的编制方法

技能目标：

- ✧ 能够准确归集各要素费用
- ✧ 能够选择适用的分配方法
- ✧ 能够根据有关费用分配表或其他有关资料编制会计分录

项目导言：

准确的成本核算源于对企业生产经营过程中各种生产费用的划分，即要素费用的划分。在此基

础上，按其发生地点和用途进行归集，并选择适当的方法分配计入各有关成本和费用账户。要素费用主要包括外购材料、外购动力、外购燃料、职工薪酬、折旧费、利息支出、税金及其他支出。

4.1 要素费用的归集和分配原理

一、要素费用的概念

要素费用是对企业生产过程中发生的费用，按经济内容所做的分类，主要包括劳动对象方面的费用、劳动手段方面的费用、活劳动方面的费用。为了具体地反映制造型企业各种费用的构成，可进一步将其划分为8个费用要素：外购材料、外购动力、外购燃料、职工薪酬、折旧费、利息支出、税金及其他支出。

（1）外购材料：指企业为进行生产而耗用的从外部购进的原材料、辅助材料、半成品、包装物、低值易耗品、修理用备件以及其他直接材料。

（2）外购动力：指企业为进行生产而耗用的从外部购进的各种动力，包括电力、热力和风力等。

（3）外购燃料：指企业为进行生产而耗用的一切从外购进的各种燃料，包括固体燃料、液体燃料、气体燃料等。

（4）职工薪酬：指企业所有应计入生产费用的职工工资、工资性津贴、补贴、奖金及职工福利费用等。

（5）折旧费：指企业按规定的方法计提的应计入成本费用的折旧费。

（6）利息支出：指企业应计入成本费用的借款利息支出减去利息收入后的金额。

（7）税金：指企业应计入管理费用的各种税金，如房产税、车船税、土地使用税和印花税等。

（8）其他支出：指企业不属于以上各要素的费用支出，如差旅费、办公费、租赁费、保险费和诉讼费等。

二、要素费用的归集和分配

要素费用的归集，是指按照费用要素的性质，根据费用发生的地点或受益对象进行归集。当发生材料、职工薪酬、动力等各种要素费用支出时，如果能确认是哪一种产品耗用的，就直接计入该种产品的“基本生产成本”账户；对于间接用于产品生产的各种费用，首先在“辅助生产成本”和“制造费用”账户中归集，然后再按一定的分配方法分配计入各成本核算对象的“基本生产成本”账户中。账内应按成本项目分设专栏进行登记。

要素费用的分配，是指将各种费用要素的发生金额合理分配给各个成本核算对象。如果某项要素费用能确认是哪一种产品耗用的，则不需要进行分配，直接将该要素费用计入相关成本中即可。如果某项要素费用不能明确归属于哪一种产品耗用，即应由几个成本对象进行承担，并需要选择适当的分配方法，在各成本核算对象（受益对象）之间进行分配，以明确各成本对象应承担的费用。其公式如下。

$$间接费用分配率=\frac{待分配费用总额}{分配标准总额}$$

某受益对象应负担的费用＝该受益对象的分配标准×间接费用分配率

公式中的待分配费用总额是指某项需要由若干受益对象共同承担的费用；分配标准总额是指各个受益对象作为费用受益程度的衡量标准相加之和。

费用分配标准是影响费用分配方法是否合理的重要因素。分配标准与分配费用应当有密切的联系。常用的分配标准主要有以下三类：成果类即采用产品的重量、体积、产量、产值等作为分配标准；消耗类即采用产品的生产工时、生产工人工资、机器工时、原材料消耗量等作为分配标准；定额类即采用定额消耗量、定额费用、定额工时等作为分配标准。

三、要素费用的分配原则

各项要素费用分配所采用的具体分配标准虽然各不相同，但都是将待分配的要素费用总额按照一定的分配标准分配给各产品成本核算对象，分配程序基本相同，具体步骤如下。

（1）确定需要分配的要素费用的项目以及金额。

（2）确定具体要素费用项目的分配标准。

（3）编制各项要素费用分配表。

（4）根据要素费用分配表编制记账凭证。

（5）根据记账凭证登记各有关成本费用总账和明细账。

4.2 材料费用的归集和分配

一、材料费用的内容

材料是工业生产过程中的劳动对象，是工业生产过程中不可缺少的一个物质要素。凡在生产中直接取之于自然界的劳动对象（如各种矿石），都被称为原料；以经过工业加工的产品作为劳动对象（如各种钢材等），被称为材料；在实际工作中把两者合并起来，称为原材料。具体说来，材料包括以下几种。

（1）原料及主要材料：是指经过加工后，构成产品主要实体的各种原料和材料，如机械制造企业中使用的金属材料、炼铁企业中使用的矿石等。

（2）外购半成品：是指从外部购入，还需继续加工或进行装配，构成产品主要实体的半成品及配套件。

（3）辅助材料：是指直接用于生产或有助于产品形成，便于生产顺利进行，但不构成产品主要实体的各种材料。

（4）燃料：是指在生产过程中用来燃烧发热或为创造正常劳动条件所用的各种燃料，包括固体燃料、液体燃料和气体燃料，如煤炭、汽油和天然气等。

（5）动力：是指在生产过程中耗用的水、电、风、汽等。

（6）包装物：是指生产领用，构成产品实体和价值的组成部分的各种包装物品，如箱、桶、瓶、坛、袋等。

二、材料发出的原始凭证

材料发出应根据领料单、限额领料单或领料登记表等发料凭证进行。会计部门应对发料凭证所列材料的种类、数量等进行审核，检查所领原材料的种类和用途是否符合有关要求，数量是否超出定额。只有经过审核、签章的发料凭证才能据以发料，并作为材料发出核算的凭证。原材料的领料凭证有领料单、限额领料单、领料登记表和退料单等。

1. 领料单

领料单是一种一次使用的领发料凭证（一般采用一单一料制），它适用于不经常领用或未指定消耗定额的材料领发。领料单一般一式三联，其中一联留存领料单位备查；一联留存发料仓库，据以登记材料明细账；另一联送交会计部门据以进行材料收发和材料费用的核算。领料单格式样例如表 4-2-1 所示。

表 4-2-1　　领料单

领料部门：　　年　月　日　　领料单号：

材料编号	材料名称	规格	单位	请领数量	实发数量	价格	
						单价	金额
用途				领料人		发料人	

2. 限额领料单

限额领料单是一种在有效期和限额内可多次使用的累计领发料凭证，它适用于经常使用，并有消耗定额材料的领用。采用限额领料单是为了有效地控制材料领用。对于超过限额或变更规定材料的领料，应区别情况进行处理。如果是增加产量而超额领料，应另填领料单，说明原因和责任，经有关部门审核批准后才能据以领料；如果是用另一种材料代替原规定材料，也须经有关部门审核批准后另填领料单据以领料，并填明代用材料的数量，相应减少限额余额。限额领料单格式样例如表 4-2-2 所示。

表 4-2-2　　限额领料单

年　月　编号

领料部门：　　用途：　　计划产量：

材料编号：　　名称规格：　　计量单位：

单价：　　消耗定量：　　领用限额：

年		请领		实发				
月	日	数量	领料单位负责人	数量	累计	发料人	领料人	限额结余

3. 领料登记表

对于生产车间、班组常用又没有制定定额的消耗材料，不便于采用上述凭证进行核算，可采用领料登记表办理领料手续。领料登记表也是一种多次使用有效（一般为一个月）的凭证。材料领料登记表格式样例如表 4-2-3 所示。

表 4-2-3　　材料领料登记表

领料部门：　　　　用途：

序号	材料名称	品牌	规格型号	数量	单价	金额	发料人	领料人	领料时间

4. 退料单

退料单是一种用于领料单位向仓库退回原材料的凭证。制造产品所领材料如果月末有剩余，应办理退料手续，以利于正确反映存货价值和计算产品成本。

退料单一般一式三联，由退料单位、发料仓库、会计部门分别留存。当月末多余材料下月不再使用时，应办理退料手续，即填制本月的退料单或红字领料单，同时将实物退回仓库；当月末多余材料但下月还需继续使用时，应办理“假退料”手续，即同时填制本月的退料单或红字领料单和下月的领料单，但实物并不退回仓库。退料单格式样例如表 4-2-4 所示。

表 4-2-4　　退料单

退料部门：　　　　编号：

原领料批号：　　　　年　　月　　日

退料名称	料号	退料量	实收量	退料原因			
				溢领	省料	不适用	品质差
备注：							

登账：　　　　点收：　　　　主管：　　　　退料人：

三、发料成本的确定

在日常核算中，发出材料的计价方法可根据企业成本管理的要求，采用实际成本计价或计划成本计价。但为了正确计算产品成本中的材料费用，应当根据实际成本原则，发出材料的成本最终必须按实际成本反映。如果按计划成本计价，则应调整材料成本差异。

1．材料按实际成本计价

材料按实际成本计价是指每一种材料的收发结存量，都按其在采购（或委托加工、自制）过程中所发生的实际成本进行计价。由于每次购入材料的价格可能并不相同，因此必须采用一定的方法确定发出材料的单价，然后根据确定的单价和发出材料的数量，计算发出材料的成本，并按领用部门及其用途进行账务处理。采用这一计价方法，可以比较准确地核算产品成本中的材料费用和材料资金实际占用额。如果材料实际成本发生变动，就必须相应地调整库存材料和发出材料的实际单位成本，这样就会使材料日常收发的核算工作量增大，从而影响核算的及时性。因此，材料按实际成本计价法通常适用于材料品种较少、收发料次数不多的企业。通常采用以下方法确定发出材料的成本。

（1）先进先出法

先进先出法是以先购入的材料先发出这样一种材料实物流转假设为前提，对发出材料进行计价的一种方法。采用这种方法，先购入的材料成本在后购入的材料成本之前转出，据此确定发出材料和期末材料的成本。

先进先出法的优点是，材料成本比较接近其实物流动，尤其是在材料容易陈旧变质时更是如此；缺点是，工作量比较大，在物价波动较大时，会对利润的确定产生较大的影响。

【例 4-2-1】 新威公司某原材料在 9 月 15 日以 5 元的单价进了 500 件，在 9 月 30 日又以 5.5 元的价格进了 400 件。在 11 月 1 日，车间领走了 700 件。假设该材料没有库存，就这两笔进货。那车间领走的这 700 件材料的成本是多少？新威公司原材料按实际成本计价核算，请用先进先出法计算发出材料的实际成本。

采用先进先出法计算：

发出材料的实际成本＝500×5＋200×5.5＝3 600（元）

（2）加权平均法

加权平均法又称“综合加权平均法”“全月一次加权平均法”，是指以本月全部进料数量加上月初结存材料数量作为权数，去除本月全部进料成本加上月初结存材料成本，计算出材料的加权平均单位成本，以此为基础计算本月发出材料的成本和期末材料的成本的一种方法。

$$材料的加权平均单位成本=\frac{月初结存材料成本+本月购入材料成本}{月初结存材料数量+本月购入材料数量}$$

$$月末库存材料成本=月末库存材料数量\times材料加权平均单位成本$$

$$本期发出材料的成本=本期发出材料的数量\times材料加权平均单位成本$$

加权平均法的优点是，加权平均单价于月末一次计算，计算简单，可以简化平时的核算工作；缺点是，平时不能反映出发出材料的成本；计价工作集中在月末进行，影响成本计算的及时性。

【例 4-2-2】 基本资料如【例 4-2-1】，请用加权平均法计算发出材料的实际成本。

采用加权平均法计算：

材料的加权平均单位成本＝（500×5＋400×5.5）/（500＋400）＝5.22（元/件）

发出材料的实际成本＝700×5.22＝3 654（元）

（3）个别计价法

个别计价法是以原来购入材料时的单价作为发出材料的单价，以求得各次（批）发出材料成本的一种方法。采用这种方法一般须具备以下两个条件：一是材料的批次可以辨别认定；二是有详细的记录，可了解每次（批）材料的具体情况。

个别计价法的优点是，材料费用的流转与其实物的流转完全一致，便于确定每批材料盘盈或盘亏的数量；缺点是，工作量很大，对存货管理的要求较高。因此，这种方法主要适用于能分清批次、品种数量不多、单位成本较高的材料。

【例 4-2-3】 新威公司 9 月生产过程中领用 A 材料 2 000 千克，经确认其中 1 000 千克属第一批入库，单位成本为 25 元；其中 600 千克属第二批入库，单位成本为 26 元；另外 400 千克属第三批入库，单位成本为 28 元。新威公司原材料按实际成本计价核算，请用个别计价法计算发出材料的实际成本。

采用个别计价法计算：

发出材料的实际成本＝1 000×25＋600×26＋400×28＝51 800（元）

2. 材料按计划成本计价

材料按计划成本计价是指每一种材料的收发结存量都按预先确定的计划成本计价。为了反映成本费用的实际数额，应及时计算原材料实际成本与计划成本的差异。月末，根据计算求得的材料成本差异，将发出材料的计划成本调整为实际成本。材料成本差异率的计算公式如下。

$$\text{材料成本差异率}=\frac{\text{月初结存材料成本差异额}+\text{本月收入材料成本差异额}}{\text{月初结存材料的计划成本}+\text{本月收入材料的计划成本}}\times 100\%$$

$$\text{发出材料应分摊的成本差异}=\text{发出材料计划成本}\times\text{材料成本差异率}$$

$$\text{发出材料实际成本}=\text{发出材料计划成本}+\text{发出材料应分摊的成本差异额}$$

上述公式中的材料成本差异，如为超支差异（实际成本大于计划成本），按正数计算；如为节约差异（实际成本小于计划成本），按负数计算。

四、材料费用的归集和分配

对于生产产品耗用的直接材料，月末根据领料凭证，先编制材料费用分配表，按产品品种、用途、部门归集和分配各项费用。归集和分配的方法如下。

（1）直接材料的归集：属于某种产品或某种劳务耗用的直接材料，直接按产品品种、用途、部门进行归集。

（2）共同耗用材料的归集：对于几种产品共同耗用的材料费用，在领用时无法确定每种产品各耗用多少，就应该按照一定标准在各种产品之间加以分配，然后根据分配情况按产品品种、用途、部门进行归集。

对于几种产品共同耗用的材料费用的分配，可采用的分配标准很多，如有些产品采用定额耗用量比例，有些产品采用生产数量比例，有些产品采用面积比例，有些产品采用重量比例等，企业应根据具体情况选用适当的标准进行分配，尽可能使分配标准能够比较准确地反映各种产品所耗材料用量。在一般情况下，制造型企业对各种产品都要制定各种消耗定额，所以采用定额耗用量比例进行材料费用分配较为普遍。

采用定额耗用量比例分配材料费用，首先根据各种产品的产量和各种产品的单位消耗定额，计算出各种产品的定额耗用量；再根据应分配材料费用的合计数和全部产品的定额耗用总量计算分配率；然后，根据分配率和各种产品的定额耗用量计算出该种产品应负担的材料费用。计算公式如下。

$$定额耗用总量=该产品的实际产量\times 产品的单位消耗定额$$

$$分配率=\frac{共同耗用材料费用总额}{定额耗用总量}$$

$$某种产品应负担的材料费用=该产品定额耗用量\times 分配率$$

【例 4-2-4】 新威公司设有一个基本生产车间和一个辅助生产车间，基本生产车间大量大批生产甲、乙两种产品，辅助生产车间（运输车间）为基本生产车间和管理部门提供服务，不单独设置“制造费用”账户，所发生费用均计入“辅助生产成本”账户。基本生产车间 7 月生产甲产品耗用材料 90 200 元，生产乙产品耗用材料 50 000 元，生产甲、乙产品共同耗用材料 90 000 元（甲产品材料定额耗用量为 3 500 千克，乙产品材料定额耗用量为 1 500 千克）。基本生产车间耗用消耗性材料 5 500 元，运输车间耗用材料 5 000 元。要求：按材料定额耗用量比例法分配材料费用，编制材料费用分配表（分配率保留两位小数）。

新威公司材料费用的归集和分配过程如下。

（1）编制材料费用分配表，如表 4-2-5 所示。

表 4-2-5　　材料费用分配表

20××年 7 月 31 日

应借账户		直接计入（元）	分配计入			合计（元）
			分配标准（千克）	分配率	分配金额（元）	
基本生产成本	甲产品	90 200	3 500	18.00	63 000	153 200
	乙产品	50 000	1 500		27 000	77 000
	小计	140 200	5 000		90 000	230 200
制造费用		5 500				5 500
辅助生产成本		5 000				5 000
合计		150 700			90 000	240 700

（2）根据材料费用分配表，编制会计分录如下。

借：基本生产成本—甲产品　　153 200
　　　　　　　　—乙产品　　77 000
　　制造费用—物料消耗　　5 500
　　辅助生产成本—材料　　5 000
　　贷：原材料　　240 700

4.3 人工费用的归集和分配

一、人工费用的内容

人工费用即职工薪酬，是指企业为获得职工提供的服务而给予其各种形式的报酬以及其他相关支出，包括职工在职期间和离职后提供给职工的全部货币性薪酬和非货币性福利。企业提供给职工配偶、子女或其他被赡养人的福利等，也属于职工薪酬。

二、人工费用核算的原始凭证

考勤记录、产量记录和工时记录是计算职工工资的主要原始记录。

1. 考勤记录

考勤记录是登记职工出勤和缺勤情况的原始记录。在考勤记录中，应该登记企业内部每一个部门、每一位职工的出勤和缺勤时间。月末，考勤人员应将经过车间、部门负责人检查、签章以后的考勤记录送交会计部门审核。会计部门以经过审核的考勤记录为依据计算每一位职工的工资。考勤表格式样例如表 4-3-1 所示。

表 4-3-1　　　　考勤表

年　　月　　日—　　日

部门 \ 姓名		时间	星期一		星期二		星期三		星期四		星期五		星期六		星期日	
			签名	时间	签名	时间	签名	时间	签名	时间	签名	时间	签名	时间	签名	时间
一车间	丁奎	上午														
		下午														
	张毅	上午														
		下午														
	王朝	上午														
		下午														
	李强	上午														
		下午														
	张宝	上午														
		下午														
	常玉	上午														
		下午														
	吴凡	上午														
		下午														

注：准时出勤者请签名　“△”表示迟到　“×”表示旷工　“○”表示事假　“□”表示病假

2. 产量记录和工时记录

产量记录和工时记录是登记工人或小组在出勤时间内完成产品的数量、质量和生产产品所耗工时数量的原始记录。产量记录和工时记录是统计产量和工时的依据，也是计算计件工资和分配集体计件工资的依据。认真做好产量记录，不仅可以为计算计件工资费用提供正确的依据，而且可以为在各种产品之间分配与工时有关的费用提供合理的依据。产量记录和工时记录通常有工作通知单、工序进程单和工作班产量记录等。

会计部门应对产量记录进行审核，经过审核的产量记录，即可作为计算计件工资的依据。各生产班次产量记录格式样例如表 4-3-2 所示。

表 4-3-2　　各生产班次产量记录表

年　月　日

班次	品名	前班结存	前部门移交	本班生产	本班结存	移交人	点收人
早班							
中班							
夜班							

3. 其他凭证

人工费用的归集和分配除了依据考勤记录、产量记录和工时记录外，还应填制一些其他的凭证。例如，废品损失报告单、停工损失报告单、各种奖金和津贴发放的通知单等。

三、人工费用的核算

人工费用中最重要的组成部分就是职工薪酬。按照国家统计局的规定，职工薪酬总额包括计时工资、计件工资、奖金、津贴和补贴、加班加点工资以及特殊情况下支付的工资等。人工费用计算的重点是计时工资和计件工资的计算。

1. 计时工资的核算

实行计时工资制的企业，每月应付给职工的计时工资是根据每一位职工的工资等级、工资标准、出勤情况和其他有关规定进行核算的。

在实行计时工资制度的企业中，按照《中华人民共和国劳动法》第 51 条的规定，法定节假日用人单位应当依法支付工资，即折算日工资、小时工资时不剔除国家规定的 11 天法定节假日（目前国家法定节假日为元旦 1 天、春节 3 天、清明节 1 天、劳动节 1 天、端午节 1 天、中秋节 1 天、国庆节 3 天），法定节假日加班的，支付不低于工资的百分之三百的工资报酬。

据此，日工资、小时工资的折算公式如下。

月计薪天数＝（365－104）÷12＝21.75（天）

日工资＝月工资收入÷月计薪天数

小时工资＝月工资收入÷（月计薪天数×8）

月计时工资计算公式如下。

月计时工资＝月工资收入－缺勤工资

其中：　　缺勤工资＝事假天数×日工资＋病假天数×日工资×扣款比例

【例 4-3-1】新威公司某职工的月工资标准为 3 960 元，9 月份共 30 天，事假 3 天，病假 1 天，另外，双休日休假 9 天，实际出勤 17 天。根据该职工的工龄，其病假工资按工资标准的 70% 计算。该职工病假和事假期间没有节假日，请计算该职工本月应得计时工资。

日工资＝3 960÷21.75≈182.07（元）

月计时工资＝3 960－182.07×3－182.07×1×（1－70%）＝3 359.17（元）

2. 计件工资的核算

在实行计件工作制的企业或车间，计件工资是根据当月生产的合格品的数量加上料废品的数量再乘以规定的计件单价计算的标准工资。料废品是指由于材料本身的缺陷而造成的废品，这部分废品数量应按照计件单价照付工资，所以在计算工资时应视为合格品数量。工废品是指由于职工过失而造成的废品，工废品不能支付工资，甚至还要视情况进行赔偿。

计件工资按结算对象不同分为个人计件工资和集体计件工资两种。

（1）按个人计件制计算

个人计件工资的计算公式为

应付计件工资＝（合格品数量＋料废品数量）×计件单价

【例 4-3-2】新威公司某工人本月生产甲合格品 200 件，废品 20 件，其中料废品 8 件，该产品计件单价为 0.50 元；另生产乙合格品 80 件，废品 5 件，均为料废品，该产品计件单价为 0.45 元。计算该工人本月计件工资收入。

应付计件工资＝（200＋8）×0.50＋（80＋5）×0.45＝142.25（元）

（2）按集体计件制计算

这种计件工资的计算应分两步进行计算：第一步是计算该集体应得的计件工资总额，其计算方法与个人计件工资的计算一样；第二步是在第一步计算的基础上将集体应得的计件工资总额在小组成员之间进行分配，求出每个成员应得的计件工资额，常用的分配方法有以下两种。

① 以计时工资作为分配标准，在集体各成员之间进行分配，其计算公式为

$$\text{工资分配率}=\frac{\text{班组计件工资总额}}{\text{班组成员计时工资之和}}$$

某成员应得计件工资＝该成员计时工资×工资分配率

② 以实际工作时数作为分配标准，在集体各成员之间进行分配，其计算公式为

$$\text{工资分配率}=\frac{\text{班组计件工资总额}}{\text{班组成员实际工作小时之和}}$$

某成员应得计件工资＝个人实际工作时数×工资分配率

【例 4-3-3】新威公司某生产小组 9 月加工完成甲合格产品 100 件，废品 8 件，其中料废品 5 件，甲产品计件单价为 40 元。该生产小组由 A、B、C 三个不同等级的工人组成，相关资料如表 4-3-3 所示。

表 4-3-3　　某生产小组 9 月生产情况统计表

工人	工资等级	小时工资（元）	实际工作时数（小时）
A	6	14	150
B	4	12	160
C	3	10	200
合计			510

要求：①以计时工资作为分配标准计算每个工人应得计件工资；②以实际工作时数作为分配标准计算每个工人应得计件工资。

根据已知条件分两步来计算。

（1）计算该生产小组 9 月加工甲产品应得计件工资为

班组计件工资＝（100＋5）×40＝4 200（元）

（2）将该生产小组应得计件工资在各成员之间进行分配。

① 以计时工资作为分配标准，计算如表 4-3-4 所示。

表 4-3-4　　某生产小组 9 月按计时工资标准分配表

工人	实际工作时数（小时）	小时工资（元）	计时工资（元）	分配率	计件工资（元）
A	150	14	2 100	0.70	1 470
B	160	12	1 920		1 344
C	200	10	2 000		1 386
合计	510		6 020		4 200

② 以实际工作时数作为分配标准，计算如表 4-3-5 所示。

表 4-3-5　　某生产小组 9 月生产情况统计表

工人	实际工作时数（小时）	分配率	计件工资（元）
A	150	8.24	1 236
B	160		1 318.40
C	200		1 645.60
合计	510		4 200

显然，按计时工资标准进行分配能够体现技术因素，在技术级别相差悬殊的情况下，这种分配方法较为合理；而以实际工作时数作为分配标准进行分配，虽然比较简单，但技术因素不能得以体现。因此，这种分配方法只能在班组成员技术级别相同或相差不大的情况下使用，在实际工作中，前者采用较为普遍。

四、人工费用的归集和分配

1. 人工费用的归集

人工费用是通过工资结算单和工资结算汇总表来归集的。

（1）工资结算单

企业为职工办理工资结算手续通常是按车间、部门编制工资结算单，用以反映企业与职工的工资结算情况。结算单一般一式三份，一份按职工姓名裁成工资条，连同工资一起发给职工，以便查对；一份作为劳动工资部门进行劳动工资统计的依据；一份经过职工签收后作为工资结算和付款的原始凭证。工资结算单也是会计部门进行全厂工资费用汇总的原始凭证。其格式样例如表4-3-6所示。

表 4-3-6　　工资结算单

年　月　　单位：元

月份	编号	姓名	隶属部门	应付工资						各项扣款						实发工资	签字
				基本工资	岗位津贴	交通补贴	加班工资	奖金	其他	房租	水电费	公积金	养老保险	医疗保险	其他		
合计																	

单位主管：　　核算员：　　盖章：

（2）工资结算汇总表

工资结算汇总表是根据工资结算单汇总编制的，用以反映整个企业全部工资结算情况，它也是进行工资费用分配的依据。其格式样例如表4-3-7所示。

表 4-3-7　　工资结算汇总表

年　月　　单位:元

部门	职工类别	应付工资						各项扣款						实发工资
		基本工资	岗位津贴	交通补贴	加班工资	奖金	其他	房租	水电费	公积金	养老保险	医疗保险	其他	
合计														

单位主管：　　核算员：　　盖章：

2. 人工费用的分配

根据规定，企业对职工应付工资总额，不论是否在当月支付，在月末都要及时计入“应付职工薪酬”账户的贷方并计入有关账户的借方。

人工费用分配时，首先，应按照职工从事的工作性质进行分配。如果生产车间只生产一种产品，则直接从事产品生产的生产工人所发生的职工薪酬，应直接计入该产品的成本中，并在产品成本中以“直接人工”成本项目单独列示。如果生产车间生产多种产品，则该生产车间发生的直接人工费用就需在各种产品之间进行分配。其次，应按照其用途分配计入当期各种产品成本和当期损益。其中，基本生产车间直接从事生产的生产工人的职工薪酬，应直接计入各种产品成本，在“基本生产成本”账户中进行归集，并以“直接人工”成本项目单独列示；基本生产车间管理人员的职工薪酬应计入“制造费用”账户；辅助生产车间人员的职工薪酬应计入“辅助生产成本”账户；企业行政管理人员的职工薪酬应计入“管理费用”账户；其他生活福利部门人员的职工薪酬应计入“管理费用”账户；专设采购和销售机构人员的职工薪酬应计入“销售费用”账户；从事在建工程人员的职工薪酬应计入“在建工程”账户。

目前，企业对于直接人工费用的分配都是按照各种产品实际（或定额）工时消耗的比例在各种产品之间进行分配，其分配公式为

$$\text{直接人工费用分配率}=\frac{\text{生产工人工资费用总额}}{\text{各种产品生产耗用的实际（或定额）工时之和}}$$

某种产品应分配的直接人工费用＝该种产品耗用的实际（或定额）工时×直接人工费用分配率

【例 4-3-4】新威公司 7 月生产工人工资 180 600 元，基本生产车间管理人员工资 20 800 元，运输车间人员工资 18 900 元，厂部管理部门人员工资 35 000 元。生产甲产品耗用实际工时为 3 800 小时，乙产品耗用实际工时为 2 200 小时，生产工人工资按甲、乙产品耗用实际工时比例分配，要求：编制工资费用分配表（分配率保留两位小数）。

新威公司工资费用的归集和分配过程如下。

（1）编制工资费用分配表，如表 4-3-8 所示。

表 4-3-8　　工资费用分配表

20××年 7 月 31 日

应借账户		直接计入（元）	分配计入			合计（元）
			分配标准（小时）	分配率	分配金额（元）	
基本生产成本	甲产品		3 800	30.10	114 380	114 380
	乙产品		2 200		66 220	66 220
	小计		6 000		180 600	180 600
制造费用		20 800				20 800
辅助生产成本		18 900				18 900
管理费用		35 000				35 000
合计		74 700			180 600	255 300

（2）根据工资费用分配表，编制会计分录如下。

借：基本生产成本—甲产品　　114 380

　　　　　　　—乙产品　　66 220

　　制造费用—工资　　20 800

　　辅助生产成本—工资　　18 900

　　管理费用—工资　　35 000

　　贷：应付职工薪酬—工资　　255 300

4.4 外购燃料及动力费用的归集和分配

燃料是指各种固体、液体和气体燃料。动力是指电力、蒸汽等各种动力。这些费用有的直接用于产品生产，有的用于照明、取暖等。在有计量仪表记录的情况下，直接根据仪表所显示的耗用数量和单价计算；在没有计量仪表记录的情况下，要按照一定的标准在各种产品和其他使用部门之间进行分配。直接用于产品的燃料及动力计入各种产品“基本生产成本”账户的“燃料及动力”成本项目；车间、行政管理部门用于照明和取暖的外购燃料及动力费分别计入“制造费用”和“管理费用”明细账“水电费”费用项目中。燃料及动力的来源可以分为自制和外购两种。自制的燃料及动力应通过辅助生产核算。本节内容只涉及企业向外部有关单位购买的燃料及动力费用的核算。

一、外购燃料及动力费用支出的核算

外购燃料及动力一般根据计量仪表所显示的耗用燃料及动力数量，按一定的燃料及动力计价标准计算。供应单位定期抄录耗用数量，开列账单向耗用单位收取所供燃料及动力费用。一般来说，外购燃料及动力的付款日期往往是下月初或每月下旬，支付的是上月付款日到本月付款日这一期间的燃料及动力费用，而不完全是本月的燃料及动力费用，因此不符合权责发生制原则。为了正确计算当月燃料及动力费用，不仅要计算、扣除上月付款日到上月末的已付燃料及动力费，还要分配、补记当月付款日到当月末的应付燃料及动力费用，核算工作量太大。因此，实际工作中一般通过“应付账款”账户核算外购燃料及动力费用。即在付款时先作为暂付款处理，借记“应付账款”账户，贷记“银行存款”账户，月末按照外购燃料及动力的用途分配费用时，再借记有关成本、费用账户，贷记“应付账款”账户，以冲销原来计入“应付账款”账户的暂付款。

如果每月支付燃料及动力费用的日期基本固定，且每月付款日到月末的应付燃料及动力费用相差不多，也可不通过“应付账款”账户，可在支付外购燃料及动力费用时直接借记有关成本、费用账户，贷记“银行存款”账户。

二、外购燃料及动力费用分配的核算

外购燃料及动力费用的分配，在有仪表的情况下，应根据仪表所示耗用数量及单价计算。由于各车间、部门一般都分别装有记录燃料及动力耗用量的仪表，因此，可以根据计量仪表记录的实际耗用数和外购燃料及动力的计价标准计算分配；而对于生产车间为生产产品耗用的外购燃料及动力，由于一般不能按产品分别安装计量仪表，因此，生产车间的外购燃料及动力费用在各产品之间的分配应选择适当的标准，采用一定的方法分配计入各种产品成本。在无仪表的情况下，

可按生产工时比例、定额消耗量比例和机器功率时数比例等方法进行分配。在实际工作中，外购燃料及动力费用的分配是通过编制外购燃料及动力费用分配表进行的。

【例 4-4-1】 新威公司未专设“燃料及动力”成本项目，基本生产车间耗用的燃料及动力费用直接计入“制造费用”账户。根据仪表显示计算，新威公司 7 月基本生产车间耗用水电费 2 260 元，运输车间耗用水电费 1 170 元，厂部耗用水电费 1 200 元，水电费直接由银行存款支付。要求：根据上述资料编制外购燃料及动力费用分配表。

新威公司外购燃料及动力费用的归集和分配过程如下。

（1）编制外购燃料及动力费用分配表，如表 4-4-1 所示。

表 4-4-1　　外购燃料及动力费用分配表

20××年 7 月 31 日

应借账户	直接计入（元）
制造费用	2 260
辅助生产成本	1 170
管理费用	1 200
合计	4 630

（2）根据外购燃料及动力费用分配表，编制会计分录如下。

借：制造费用—水电费　　2 260

　　辅助生产成本—水电费　　1 170

　　管理费用—水电费　　1 200

　　贷：银行存款　　4 630

【例 4-4-2】 康华公司专设“燃料及动力”成本项目，9 月共同发生外购水电费 50 765 元。其中甲、乙产品共同耗用的水电费为 21 442 元，需要在甲、乙产品之间分配。公司规定按生产工时标准分配，甲产品生产工时为 15 000 小时，乙产品生产工时为 12 000 小时。另外，基本生产车间耗用水电费 8 767 元，辅助生产车间（机修车间）耗用水电费 13 089 元，厂部耗用水电费 7 467 元。要求：根据上述资料编制外购燃料及动力费用分配表（分配率保留两位小数）。

康华公司外购燃料及动力费用的归集和分配过程如下。

（1）编制外购燃料及动力费用分配表，如表 4-4-2 所示。

表 4-4-2　　外购燃料及动力费用分配表

20××年 9 月

应借账户		成本或费用项目	直接计入（元）	分配计入			合计（元）
				定额工时（小时）	分配率	金额（元）	
基本生产成本	甲产品	燃料及动力		15 000	0.79	11 850	11 850
	乙产品	燃料及动力		12 000		9 592	9 592
	小计			27 000		21 442	21 442
辅助生产成本	机修车间	燃料及动力	13 089				13 089
制造费用		水电费	8 767				8 767
管理费用		水电费	7 467				7 467
合计			29 323			21 442	50 765

（2）根据外购燃料及动力费用分配表，编制会计分录如下。

借：基本生产成本—甲产品　　11 850

　　　　　　　　—乙产品　　9 592

　　辅助生产成本—机修车间　　13 089

　　制造费用—水电费　　8 767

　　管理费用—水电费　　7 467

　　贷：应付账款—××公司—水电费　　50 765

4.5 折旧费用及其他费用的归集和分配

一、折旧费用的计算

折旧是指固定资产由于损耗而转移到产品成本或费用中去的那部分价值。企业计提固定资产折旧的方法主要有平均年限法、工作量法、双倍余额递减法和年数总和法等。

1. 平均年限法

平均年限法又称直线法，是指将固定资产的应计折旧额平均分摊到固定资产的预计使用年限内的一种方法。采用该种方法计提折旧，各期折旧额均相等。计算公式如下。

$$固定资产年折旧额=\frac{固定资产原价-预计净残值}{固定资产预计使用年限}$$

$$固定资产月折旧额=\frac{固定资产年折旧额}{12}$$

$$固定资产年折旧率=\frac{1-预计净残值率}{固定资产预计使用年限}\times100\%$$

$$预计净残值率=\frac{预计净残值}{固定资产原价}\times100\%$$

$$固定资产月折旧率=\frac{固定资产年折旧率}{12}$$

$$固定资产月折旧额=固定资产原价\times月折旧率$$

【例 4-5-1】康华公司厂房原值为 300 000 元，预计可使用 10 年，预计报废时的净残值为 5 000 元，厂房采用平均年限法计提折旧，要求计算该厂房的年折旧额。

根据已知条件，可进行如下计算。

年折旧额=（300 000−5 000）÷10=29 500（元）

【例 4-5-2】康华公司 20××年 9 月购入一台设备，该设备原价为 80 000 元，预计净残值率为 3%，预计使用 10 年，要求采用平均年限法计算该设备月折旧额。

根据已知条件，可进行如下计算。

年折旧率=（1−3%）÷10=9.7%

月折旧率=9.7%÷12=0.81%

月折旧额=80 000×0.81%=648（元）

平均年限法是最简单、最普遍的折旧方法，适用于各个时期使用情况大致相同的固定资产折旧。

2. 工作量法

工作量法是根据固定资产的实际工作量计算每期应提折旧额的一种方法。其计算公式如下。

$$单位工作量折旧额=\frac{固定资产原价\times(1-预计净残值率)}{预计总工作量}$$

$$某项固定资产月折旧额=该项固定资产当月工作量\times单位工作量折旧额$$

【例4-5-3】康华公司有一辆专门用于运货的卡车,原值为60 000元,预计总行驶里程为300 000 km,预计净残值率为4%,本月行驶30 000 km,要求采用工作量法计算该卡车的月折旧额。

根据已知条件,可进行如下计算。

单位工作量的折旧额=30 000×(1−4%)÷300 000=0.096(元/km)

本月折旧额=30 000×0.096=2 880(元)

工作量法适用于那些在使用期间负担程度差异很大,提供的经济效益很不均衡的固定资产折旧。

3. 双倍余额递减法

双倍余额递减法,是在计算固定资产折旧的前几年不考虑预计净残值的情况下,根据每期期初固定资产原价减去累计折旧后的金额和双倍的直线折旧率计算固定资产折旧的一种方法。由于该种方法在计算折旧的前几年没有考虑预计净残值,因此,在计算固定资产折旧时,一般应在固定资产使用寿命到期前两年内,将固定资产的账面净值减去预计净残值后的余额平均摊销。其计算公式如下。

$$年折旧率=\frac{2}{预计使用年限}\times100\%$$

$$年折旧额=固定资产年初账面净值\times年折旧率$$

$$最后两年年折旧率=\frac{固定资产年初账面净值-预计净残值}{2}$$

$$月折旧率=\frac{年折旧率}{12}$$

$$月折旧额=\frac{年折旧额}{12}$$

【例4-5-4】 康华公司有一项固定资产,原价为60 000元,预计净残值为2 000元,预计使用5年,要求采用双倍余额递减法计算该固定资产年折旧额。

根据已知条件,可进行如下计算。

年折旧率=2÷5×100%=40%

第一年应提折旧额=60 000×40%=24 000(元)

第二年应提折旧额=(60 000−24 000)×40%=14 400(元)

第三年应提折旧额=(60 000−24 000−14 400)×40%=8 640(元)

从第四年起改为平均年限法折旧。

第四、五年应提折旧额=(60 000−24 000−14 400−8 640−2 000)÷2=5 480(元)

各月的折旧额根据各年的折旧额除以12来计算。

双倍余额递减法是固定资产加速折旧的一种计算方法,是假设固定资产的服务潜力在前期消耗较大，在后期消耗较少，为此，在使用前期多提折旧，后期少提折旧，从而相对加速折旧。

4. 年数总和法

年数总和法又称合计年限法，是以固定资产原价减去预计净残值后的余额为基数，乘以一个逐年递减的分数计算每年的折旧额的一种方法。这个分数的分子代表固定资产尚可使用寿命，分母代表预计使用寿命逐年数字之和。“逐年递减的分数”是一个变数，据此计算的年折旧率也是一个变动数据，即每年的折旧率都不相同。计算公式如下。

$$年折旧率=\frac{尚可使用年限}{预计使用寿命逐年数字之和}\times100\%$$

尚可使用年限＝预计使用寿命－已使用年限

年折旧额＝（固定资产原价－预计净残值）×年折旧率

月折旧率和月折旧额分别用年折旧率和年折旧额除以 12 来计算。

【例 4-5-5】 康华公司某一固定资产原价为 94 000 元，预计净残值为 4 000 元，预计使用 5 年，要求采用年数总和法计提该项固定资产的年折旧额。

根据已知条件，可进行如下计算。

年数总和＝1＋2＋3＋4＋5＝15

第一年的折旧率＝（5－0）÷15＝5/15

第一年应提折旧额＝（94 000－4 000）×5/15＝30 000（元）

第二年的折旧率＝（5－1）÷15＝4/15

第二年应提折旧额＝（94 000－4 000）×4/15＝24 000（元）

第三年的折旧率＝（5－2）÷15＝3/15

第三年应提折旧额＝（94 000－4 000）×3/15＝18 000（元）

第四年的折旧率＝（5－3）÷15＝2/15

第四年应提折旧额＝（94 000－4 000）×2/15＝12 000（元）

第五年的折旧率＝（5－4）÷15＝1/15

第五年应提折旧额＝（94 000－4 000）×1/15＝6 000（元）

年数总和法也是固定资产加速折旧的一种计算方法，体现了会计的谨慎性原则。

折旧方法一经确定，不得随意变更。但是，企业至少应当于每年年度终了，对固定资产的使用寿命、预计净残值和折旧方法进行复核。

（1）复核中发现固定资产使用寿命预计数与原先估计数有差异的，应当调整固定资产的使用寿命。

（2）复核中发现固定资产预计净残值预计数与原先估计数有差异的，应当调整固定资产的预计净残值。

（3）复核中发现固定资产所含经济利益预期实现方式有重大改变的，应当改变固定资产的折旧方法。

固定资产的使用寿命、预计净残值和折旧方法的改变应当作为会计估计变更，并将变更的内容及原因在当期会计报表附注中加以说明。

为了简化折旧的计算工作，月份内开始使用的固定资产，当月不计提折旧，应从下月起计提折旧；月份内减少的固定资产，当月仍计提折旧，从下月起停止计提折旧。此外，企业除对经营租赁方式租入的固定资产、已经提足折旧超龄使用的固定资产和单独估价入账作为固定资产的土地不再计提折旧外，应对所有的固定资产计提折旧。

二、折旧费用的归集和分配

企业应当按月编制固定资产折旧计算表，计算出当月固定资产折旧额，并根据固定资产的用途和使用地点分别计入相关资产的成本或当期费用账户。

（1）基本生产车间使用的固定资产，其折旧额应计入"制造费用"明细账中的"折旧费用"项目。

基本生产车间机器设备折旧费用是直接用于产品生产的耗费，但往往一种机器设备可能生产多种产品，一种产品的生产又可能需要使用多种机器设备。为了简化产品成本核算工作，"基本生产成本"明细账中一般不专设"折旧费用"成本项目，而与基本生产车间间接用于产品生产的折旧费用一起计入"制造费用"账户中。

（2）辅助生产车间使用的固定资产，其折旧额应计入"辅助生产成本"明细账中的"折旧费用"项目。

（3）企业行政管理部门使用的固定资产，其折旧额应计入"管理费用"明细账中的"折旧费用"栏目。

（4）企业销售部门使用的固定资产，其折旧额应计入"销售费用"明细账中的"折旧费用"栏目。

（5）企业未使用、不需用的固定资产，其折旧额应计入"管理费用"明细账中的"折旧费用"栏目。

企业在计提固定资产折旧时，借记"制造费用""辅助生产成本""管理费用""销售费用"等账户，贷记"累计折旧"账户。

【例 4-5-6】 新威公司 7 月基本生产车间厂房、机械设备折旧费为 6 400 元，运输车间固定资产折旧费为 3 400 元，厂部折旧费为 2 800 元，要求：编制 7 月固定资产折旧计算表。

新威公司固定资产折旧计算如下。

（1）编制固定资产折旧分配表，如表 4-5-1 所示。

表 4-5-1　　　　固定资产折旧费用分配表

20××年 7 月 31 日

应借账户	金额（元）
制造费用	6 400
辅助生产成本	3 400
管理费用	2 800
合计	12 600

（2）根据固定资产折旧分配表编制会计分录如下。

借：制造费用—折旧费　　6 400
　　辅助生产成本—折旧费　　3 400
　　管理费用—折旧费　　2 800
　　贷：累计折旧　　12 600

【例 4-5-7】 康华公司 9 月折旧费用资料（固定资产折旧计算表）如表 4-5-2 所示，新增固定资产卡片如表 4-5-3～表 4-5-6 所示，固定资产报废单如表 4-5-7～表 4-5-9 所示。要求：编制 10 月固定资产折旧计算表。

表 4-5-2　　固定资产折旧计算表

20××年 9 月 30 日　　单位：元

使用部门	上月折旧额	上月增加固定资产增加折旧额	上月减少固定资产减少折旧额	本月折旧额
生产车间	153 000	9 900	5 700	157 200
行政管理部门	13 000	2 800	1 500	14 300
销售部门	6 600	1 400	600	7 400
合计	172 600	14 100	7 800	178 900

表 4-5-3　　固定资产卡片

卡片编号	1010911	日期	20××-9-1	固定资产名称	加工机
规格型号	KB-2122	部门名称	生产车间		
增加方式	外购	存放地点	生产车间		
使用状况	在用	使用年限	6 年	开始使用日期	20××-9-1
原值	45 000 元	净残值率	0.03	净残值	1 350 元
折旧方法	直线法	月折旧额	606.25 元	折旧费用类别	制造费用

表 4-5-4　　固定资产卡片

卡片编号	1010912	日期	20××-9-8	固定资产名称	烘干机
规格型号	HG-101	部门名称	生产车间		
增加方式	外购	存放地点	生产车间		
使用状况	在用	使用年限	6 年	开始使用日期	20××-9-9
原值	19 000 元	净残值率	0.03	净残值	570 元
折旧方法	直线法	月折旧额	255.97 元	折旧费用类别	制造费用

表 4-5-5　　固定资产卡片

卡片编号	1010208	日期	20××-9-18	固定资产名称	复印机
规格型号	HP-202	部门名称	办公室		
增加方式	外购	存放地点	办公室		
使用状况	在用	使用年限	8 年	开始使用日期	20××-9-18
原值	8 000 元	净残值率	0.03	净残值	240 元
折旧方法	直线法	月折旧额	80.83 元	折旧费用类别	管理费用

表 4-5-6 固定资产卡片

卡片编号	1010913	日期	20××-9-26	固定资产名称	加工机
规格型号	KB-2122	部门名称	生产车间		
增加方式	外购	存放地点	生产车间		
使用状况	在用	使用年限	6 年	开始使用日期	20××-9-26
原值	45 000 元	净残值率	0.03	净残值	1 350 元
折旧方法	直线法	月折旧额	606.25 元	折旧费用类别	制造费用

表 4-5-7 固定资产报废单

固定资产名称	加工机	预计使用年限	6 年	已使用年限	6 年
固定资产编号	1010901	原值	43 000 元	折旧方法	直线法
使用部门	生产车间	月折旧额	590.28 元	预计残值	500 元
报废原因	超龄使用	技术部门意见	同意报废		
报废处理意见	清理	设备部门意见	同意报废		
领导意见	同意报废	报废日期	20××-9-6		

经办部门：设备科　　　　经办人：张凯

表 4-5-8 固定资产报废单

固定资产名称	烘干机	预计使用年限	6 年	已使用年限	4 年
固定资产编号	1010902	原值	16 000 元	折旧方法	直线法
使用部门	生产车间	月折旧额	216.67 元	预计残值	400 元
报废原因	主机烧坏	技术部门意见	同意报废		
报废处理意见	清理	设备部门意见	同意报废		
领导意见	同意报废	报废日期	20××-9-8		

经办部门：设备科　　　　经办人：张凯

表 4-5-9 固定资产报废单

固定资产名称	复印机	预计使用年限	8 年	已使用年限	4 年
固定资产编号	1010201	原值	10 000 元	折旧方法	直线法
使用部门	办公室	月折旧额	102.08 元	预计残值	200 元
报废原因	无法修复	技术部门意见	同意报废		
报废处理意见	清理	设备部门意见	同意报废		
领导意见	同意报废	报废日期	20××-9-16		

经办部门：设备科　　　　经办人：张凯

康华公司 10 月份固定资产折旧费用的归集和分配过程如下。

（1）编制固定资产折旧计算表，如表 4-5-10 所示。

表 4-5-10　　　　　　　　　　　　固定资产折旧计算表

20××年 10 月 31 日　　　　　　　　　　　　单位：元

使用部门	上月折旧额	上月增加固定资产增加折旧额	上月减少固定资产减少折旧额	本月折旧额
生产车间	157 200.00	1 468.47	216.67	158 451.80
行政管理部门	14 300.00	80.83	102.08	14 278.75
销售部门	7 400.00			7 400.00
合计	178 900.00	1 549.30	318.75	180 130.55

（2）根据固定资产折旧计算表，编制会计分录如下。

借：制造费用—折旧费　　　　158 451.80
　　管理费用—折旧费　　　　14 278.75
　　销售费用—折旧费　　　　7 400.00
　　贷：累计折旧　　　　　　　180 130.55

三、其他费用的核算

1. 利息费用的核算

要素费用中的利息费用，作为企业财务费用的一个项目，不构成产品成本的组成内容。利息费用一般按季结算支付。如果利息费用较大，根据权责发生制，应区分各月实际发生的利息费用。季内各月应付的利息，应按月进行预提，借记“财务费用”账户，贷记“应付利息”账户；季末实际支付时冲减，借记“应付利息”账户，贷记“银行存款”账户。每季度实际支付利息与应付利息的差额，调整计入季末月份的财务费用。企业取得的存款利息收入应抵减利息费，收到存款利息时，借记“银行存款”账户，贷记“财务费用”账户。

2. 税金的核算

要素费用中的税金，是特指应计入管理费用的各项税金，属于管理费用的一个费用项目，也不构成产品成本的组成部分，具体包括房产税、车船使用税、土地使用税和印花税等。要素费用中的税金，有的需要预先计算应交金额，如房产税、车船使用税和土地使用税。这些税金应通过“应交税费”账户进行核算，计算出应交金额时，借记“管理费用”账户，贷记“应交税费”账户，缴纳税金时，借记“应交税费”账户，贷记“银行存款”账户；有的不需要预先计算应交金额，如印花税，这种税金不需要通过“应交税费”账户进行核算，缴纳税金时，借记“管理费用”账户，贷记“银行存款”账户。

3. 其他费用的核算

企业要素费用中的其他费用，是指除了前面所述各要素以外的费用，包括邮电费、租赁费、印刷费、报刊订阅费、差旅费、保险费和办公费等。这些费用均没有专设成本项目，在发生时，按发生的车间、部门和用途分别借记“制造费用”“辅助生产成本”“管理费用”“销售费用”等账户，贷记“银行存款”等账户。

【例 4-5-8】 新威公司 7 月基本生产车间耗用办公费 1 386 元，运输车间耗用办公费 1 400 元，厂部耗用办公费 3 300 元，均由银行存款支付。要求：编制其他费用分配表。

新威公司7月其他费用计算如下。

（1）编制其他费用分配表，如表4-5-11所示。

表4-5-11 其他费用分配表

20××年7月31日

应借账户	金额（元）
制造费用	1 386
辅助生产成本	1 400
管理费用	3 300
合计	6 086

（2）根据其他费用分配表，编制会计分录如下。

借：制造费用—办公费　　1 386

　　管理费用—办公费　　1 400

　　销售费用—办公费　　3 300

　　贷：银行存款　　6 086

项目五 辅助生产费用的归集和分配

知识目标：

✧ 了解辅助生产费用的含义
✧ 掌握辅助生产费用的归集方法及账户设置
✧ 熟悉辅助生产费用分配的程序

技能目标：

✧ 能够正确归集辅助生产费用
✧ 能够正确判别企业适用的辅助生产费用分配方法
✧ 能够正确编制辅助生产费用分配表
✧ 能够正确编制会计分录

项目导言：

辅助生产费用是指企业所属辅助生产部门为生产提供工业性产品和劳务所发生的各种费用。由于辅助生产车间提供的可能是产品，也可能是劳务，其核算方法亦有所差异。若提供的是产品，其核算方法与基本生产车间的产品核算相同；若提供的是劳务，则需根据辅助生产车间所提供的产品或劳务的数量及其受益单位、程序等情况采用适当的方法进行分配。

5.1 辅助生产费用的归集

一、辅助生产的含义

在许多制造型企业，除了设有基本生产车间以外，还设有一些辅助生产车间以保证生产经营活动的顺利进行。辅助生产是指为企业基本生产车间和行政管理部门等单位提供服务而进行的产品生产或劳务供应。辅助生产有两种：一种是只生产一种产品或提供一种劳务，如供电、供水、供气、供风等辅助生产；另一种是生产多种产品或提供多种劳务，如从事工具、模具、修理用备件的制造以及机器设备的修理等辅助生产。辅助生产车间生产的产品或提供的劳务有时也对外销售，但这并不是辅助生产的主要目的，其主要目的是为本企业服务。辅助生产车间生产产品或提供劳务所耗成本的高低，影响到企业产品成本的水平。因此，正确、及时地进行辅助生产费用的归集和分配，对于节约费用、降低成本有着十分重要的意义。

二、辅助生产费用的归集方法

在实际工作中，辅助生产费用可以通过以下两种方法来归集。

1. 只设置“辅助生产成本”账户

辅助生产车间只设置“辅助生产成本”账户，不设置“制造费用”账户，是一种简化的处理方式。“辅助生产成本”账户借方登记为进行辅助生产所发生的一切费用，包括辅助生产车间内直接发生的费用以及其他辅助生产车间分配转来的费用；贷方登记向其他辅助生产车间、基本生产车间、管理部门、销售部门和企业外部提供的产品、劳务以及完工入库的自制材料、工具等成本。该账户的期末余额表示辅助生产车间的在产品成本。

这种方法适用于规模很小、制造费用很少、生产的产品或提供的劳务全部为本企业服务的辅助生产车间。在这种方法下，凡是辅助生产车间发生的各项费用全部计入“辅助生产成本”账户。该账户一般按车间类别、劳务或产品类别设置明细账。在只提供一种产品或劳务的辅助生产车间，只需按车间类别设置；在提供多种产品或劳务的辅助生产车间，除按车间类别设置外，还应按各种产品或劳务设置明细账。账内可按成本项目设置专栏，其格式样例如表5-1-1所示。

表5-1-1 “辅助生产成本”明细账

车间名称：

产品（劳务）：

20 年		凭证号数		摘要	借方	原材料	工资	折旧	水电费	办公费
月	日	字	号							

2. 设置"辅助生产成本"和"制造费用"两个账户

在辅助生产车间规模较大、制造费用发生较多的企业，除设置"辅助生产成本"账户外，还必须设置"制造费用—××辅助生产车间"账户，以加强辅助生产车间的成本核算。在这种方法下，对于辅助生产车间发生的直接费用，如材料、水电、人工等直接用于辅助产品生产的各种要素费用，直接计入"辅助生产成本"及其所属明细账。而对于辅助生产车间发生的间接费用或共同耗用的费用，如辅助生产车间管理人员的工薪和不能明确归属于哪一种辅助产品耗用的水电、人工等费用，先计入"制造费用—××辅助生产车间"账户，月末再按一定的标准分配转入"辅助生产成本"账户，经分配结转后，"制造费用—××辅助生产车间"账户应无余额。

【例 5-1-1】 根据【例 4-2-4】、【例 4-3-4】、【例 4-4-1】、【例 4-5-6】、【例 4-5-8】相关资料登记新威公司"辅助生产成本"明细簿。

新威公司运输车间"辅助生产成本"明细账如表 5-1-2 所示。

表 5-1-2 "辅助生产成本"明细账

车间名称：运输车间
产品（劳务）：运输

20××年		凭证号数		摘要	借方	原材料	工资	水电费	折旧	办公费
月	日	字	号							
7	31	转	1	分配材料	5 000	5 000				
7	31	转	2	分配工资	18 900		18 900			
7	31	转	3	分配水电费	1 170			1 170		
7	31	转	4	分配折旧费	3 400				3 400	
7	31	付	1	分配办公费	1 400					1 400

5.2 辅助生产费用的分配

一、辅助生产费用分配的程序

辅助生产费用的分配，就是将归集在"辅助生产成本"账户及其明细账户借方的辅助生产费用，采用规定的计算方法计算其总成本和单位成本，并按各受益对象耗用数量进行分配。辅助生产费用的分配程序是先内部分配，后向外部分配。

1. 内部分配

内部分配包括以下内容。

（1）辅助生产车间内"制造费用"的结转和分配。辅助生产车间没有设置"制造费用—××辅助生产车间"账户的，就没有这一步骤的结转和分配。只有专门设置了"制造费用—××辅助生产车间"账户的辅助生产车间，才有这一步骤的结转和分配。先将归集的"制造费用—××辅助生产车间"账户按一定的标准分配转入该辅助生产车间的"辅助生产成本"账户，经分配结转后，"制造费用—××辅助生产车间"账户应无余额。或者说经分配结转后，该辅助生产车间的内部费用都归集到了“××辅助生产成本”账户之中。

（2）辅助生产车间之间进行费用的交互分配

辅助生产车间的“制造费用—××辅助生产车间”分配完成之后，再将辅助生产车间之间发生的费用进行交互分配。因为辅助生产车间之间有时相互提供产品或劳务，如供水车间给供电车间供水，同时供电车间给供水车间供电等。为了能正确确定辅助生产车间所耗用的劳务数量和金额，还应在辅助生产车间之间进行费用的交互分配。经交互分配之后，该辅助生产车间的“××辅助生产成本”账户用来归集全部辅助生产成本费用，可作为辅助生产费用对外进行分配。如果辅助生产车间之间没有相互提供产品或劳务，或者相互提供产品或劳务很少，企业确定不进行交互分配的，就没有该步骤的结转和分配。

2. 向外部分配

内部分配完成之后，归集在“辅助生产成本”总账及其明细账借方的全部辅助生产费用，再向各基本生产车间和其他部门进行分配。辅助生产车间向基本生产车间和其他部门提供的辅助产品（水、电、运输、修理等）所产生的辅助生产费用，则应按受益单位的耗用量，采用一定的分配方法在各受益单位之间进行分配。经分配结转后，“辅助生产成本”账户一般无余额。

二、辅助生产费用的分配方法

分配辅助生产费用的方法主要有直接分配法、交互分配法、计划成本分配法、顺序分配法和代数分配法等。

1. 直接分配法

直接分配法是指不考虑各辅助生产车间相互提供产品或劳务，而是将辅助生产车间归集的费用直接分配给辅助生产车间以外的各受益部门。这种方法计算简单，但只适用于辅助生产车间不相互提供劳务或提供劳务较少的情况。具体的计算公式如下。

$$某辅助生产车间费用分配率=\frac{该辅助生产车间生产费用总额}{该辅助生产车间对外提供的劳务总量}$$

$$各受益部门应分配的费用=该受益部门耗用产品或劳务数量\times辅助生产车间费用分配率$$

【例 5-2-1】 继【例 5-1-1】新威公司 7 月运输车间共完成 5 100 千米的运输工作量，其中，基本生产车间为 4 000 千米，企业管理部门为 1 100 千米，辅助生产费用按运输千米比例分配。要求：采用直接分配法编制辅助生产费用分配表（分配率保留两位小数）。

（1）编制辅助生产费用分配表，如表 5-2-1 所示。

表 5-2-1　　　　　　　　**辅助生产费用分配表**

20××年 7 月 31 日

应借账户	分配标准（千米）	分配率	分配金额（元）
制造费用	4 000	5.86	23 440
管理费用	1 100		6 430
合计	5 100		29 870

（2）根据辅助生产费用分配表，编制会计分录如下。

借：制造费用—辅助生产成本转入—运费　　23 440

　　管理费用—辅助生产成本转入—运费　　6 430

　　贷：辅助生产成本　　29 870

（3）继续登记“辅助生产成本”明细账，如表 5-2-2 所示。

表 5-2-2　　“辅助生产成本”明细账

车间名称：运输车间

产品（劳务）：运输

20××年		凭证号数		摘要	借方	原材料	工资	水电费	折旧	办公费
月	日	字	号							
7	31	转	1	分配材料	5 000	5 000				
7	31	转	2	分配工资	18 900		18 900			
7	31	转	3	分配水电费	1 170			1 170		
7	31	转	4	分配折旧费	3 400				3 400	
7	31	付	1	分配办公费	1 400					1 400
7	31	转	5	分配运费	−29 870					
合计					0					

【例 5-2-2】 康华公司有一个基本生产车间，生产甲、乙两种产品，本月生产产品耗用生产工时为甲产品 3 000 小时，乙产品 2 000 小时；有两个辅助生产车间，分别为供水车间和供电车间，主要为本公司基本生产车间和行政管理部门提供服务；供水车间 9 月归集的生产费用总额为 70 800 元，供电车间 9 月归集的生产费用总额为 97 540 元；各辅助生产车间供应产品和劳务数量如表 5-2-3 所示。要求：用直接分配法编制辅助生产费用分配表（分配率保留两位小数），其中，甲、乙两种产品所耗辅助生产费用按生产工时分配。

表 5-2-3　　辅助生产提供供水、供电情况统计表

20××年 9 月30 日

受益部门	基本生产车间		辅助生产车间		管理部门	合计
	生产	车间	供水车间	供电车间		
供水车间（吨）		24 000		16 000	8 000	48 000
供电车间（度）	180 000	34 000	20 000		6 500	240 500

（1）采用直接分配法编制辅助生产费用分配表，如表 5-2-4 所示。

表 5-2-4　　辅助生产费用分配表（直接分配法）

项目	部门分配			产品分配		
辅助生产部门名称	供水车间	供电车间	合计	工时定额（小时）	分配率	分配金额（元）
辅助生产费用总额	70 800	97 540	168 340			
对外提供劳务供应总量	32 000	220 500				
分配率	2.21	0.44				

续表

<table>
<tr><th colspan="4">项目</th><th colspan="3">部门分配</th><th colspan="3">产品分配</th></tr>
<tr><th colspan="4">辅助生产部门名称</th><th>供水车间</th><th>供电车间</th><th>合计</th><th>工时定额（小时）</th><th>分配率</th><th>分配金额（元）</th></tr>
<tr><td rowspan="4">受益部门</td><td colspan="2" rowspan="2">供水车间</td><td>耗用劳务量</td><td></td><td>20 000</td><td></td><td></td><td></td><td></td></tr>
<tr><td>应分配金额</td><td></td><td></td><td></td><td></td><td></td><td></td></tr>
<tr><td colspan="2" rowspan="2">供电车间</td><td>耗用劳务量</td><td>16 000</td><td></td><td></td><td></td><td></td><td></td></tr>
<tr><td>应分配金额</td><td></td><td></td><td></td><td></td><td></td><td></td></tr>
<tr><td rowspan="9">受益部门</td><td rowspan="6">基本生产车间</td><td rowspan="2">生产耗用</td><td>耗用劳务量</td><td></td><td>180 000</td><td></td><td></td><td></td><td></td></tr>
<tr><td>应分配金额</td><td></td><td>79 200</td><td>79 200</td><td></td><td></td><td>79 200</td></tr>
<tr><td colspan="2">甲产品</td><td></td><td></td><td></td><td>3 000</td><td rowspan="2">15.84</td><td>47 520</td></tr>
<tr><td colspan="2">乙产品</td><td></td><td></td><td></td><td>2 000</td><td>31 680</td></tr>
<tr><td rowspan="2">一般耗用</td><td>耗用劳务量</td><td>24 000</td><td>34 000</td><td></td><td></td><td></td><td></td></tr>
<tr><td>应分配金额</td><td>53 040</td><td>14 960</td><td>68 000</td><td></td><td></td><td></td></tr>
<tr><td colspan="2" rowspan="2">管理部门</td><td>耗用劳务量</td><td>8 000</td><td>6 500</td><td></td><td></td><td></td><td></td></tr>
<tr><td>应分配金额</td><td>17 760</td><td>3 380</td><td>21 140</td><td></td><td></td><td></td></tr>
<tr><td colspan="3">分配费用合计</td><td>70 800</td><td>97 540</td><td>168 340</td><td></td><td></td><td>79 200</td></tr>
</table>

（2）根据辅助生产费用分配表，编制会计分录如下。

借：基本生产成本—甲产品　　47 520

　　　　　　　　—乙产品　　31 680

　　制造费用—辅助生产成本转入—水费　　53 040

　　　　　　辅助生产成本转入—电费　　14 960

　　管理费用—辅助生产成本转入—水费　　17 760

　　　　　　辅助生产成本转入—电费　　3 380

　　贷：辅助生产成本—供水车间　　70 800

　　　　　　　　　　—供电车间　　97 540

2. 交互分配法

交互分配法是指根据辅助生产车间相互提供的劳务量和交互分配前的费用分配率在辅助生产车间之间进行一次交互分配，然后将归集的辅助生产车间交互分配后的实际费用（即交互分配前的费用加上交互分配转入的费用，减去交互分配转出的费用），再按其提供给辅助生产车间之外各受益单位的劳务量进行分配的方法。在此种方法下，辅助生产费用的分配分两个步骤进行。

第一步：交互分配，即在各辅助生产车间之间交互分配费用，对辅助生产车间以外的受益部门不进行分配。其计算公式如下。

$$某辅助生产车间交互分配率=\frac{该辅助生产车间交互分配前待分配费用}{辅助生产车间提供的劳务总量}$$

某辅助生产车间应负担其他辅助生产车间的费用

=该辅助生产车间耗用其他辅助生产车间的劳务数量×交互分配率

第二步：对外分配，即对辅助生产车间以外的受益单位分配。其计算公式如下。

$$\text{交互分配后某辅助生产车间费用对外分配率}=\frac{\text{某辅助生产车间交互分配后的实际费用}}{\text{该辅助生产车间提供的劳务总量}-\text{其他辅助生产车间耗用劳务总量}}$$

其中：

某辅助生产车间交互分配后的实际费用＝该辅助生产车间交互前生产费用－该辅助生产车间交互转出的费用＋该辅助生产车间交互转入的费用

辅助生产车间以外的受益部门应负担的辅助生产费用＝该受益部门劳务耗用量×对外分配率

【例 5-2-3】 继【例 5-2-2】资料，根据康华公司 20××年 9 月供水车间、供电车间“辅助生产成本”明细账归集的费用和各部门耗用劳务情况表，要求：采用交互分配法编制辅助生产费用分配表（分配率保留两位小数），其中，甲、乙两种产品所耗辅助生产费用按生产工时分配。

（1）采用交互分配法编制辅助生产费用分配表，如表 5-2-5 所示。

表 5-2-5　　辅助生产费用分配表（交互分配法）

20××年 9 月 30 日　　金额单位：元

项目			交互分配			对外分配			产品分配		
辅助生产部门名称			供水车间	供电车间	合计	供水车间	供电车间	合计	工时定额	分配率	分配金额
辅助生产费用总额			70 800	97 540	168 340	55 320	113 020	168 340			
劳务供应总量			48 000	240 500		32 000	220 500				
分配率			1.48	0.41		1.73	0.51				
受益部门	供水车间	耗用劳务量		20 000							
		应分配金额		8 200	8 200						
	供电车间	耗用劳务量	16 000								
		应分配金额	23 680		23 680						
受益部门	基本生产车间 生产耗用	耗用劳务量					180 000				
		应分配金额					91 800	91 800			91 800
	基本生产车间	甲产品							3 000	18.36	55 080
		乙产品							2 000		36 720
	基本生产车间 一般耗用	耗用劳务量				24 000	34 000				
		应分配金额				41 520	17 340	58 860			
	管理部门	耗用劳务量				8 000	6 500				
		应分配金额				13 800	3 880	17 680			
分配费用合计						55 320	113 020	168 340			91 800

（2）根据辅助生产费用分配表，编制会计分录。

① 对内分配辅助生产成本。

借：辅助生产成本—供水车间　　8 200

　　　　　　　　—供电车间　　23 680

　贷：辅助生产成本—供电车间　　8 200

　　　　　　　　　—供水车间　　23 680

② 对外分配辅助生产成本。

借：基本生产成本—甲产品　　55 080

　　　　　　　　—乙产品　　36 720

　　制造费用—辅助生产成本转入—水费　　41 520

　　　　　　　辅助生产成本转入—电费　　17 340

　　管理费用—辅助生产成本转入—水费　　13 800

　　　　　　　辅助生产成本转入—电费　　3 880

　　贷：辅助生产成本—供水车间　　55 320

　　　　　　　　　　—供电车间　　113 020

采用交互分配法，克服了直接分配法在辅助生产车间之间不分配费用的缺点，提高了分配结果的准确性；但由于要计算两个分配率，所以实际上进行了两次分配，增加了分配的工作量，往往影响成本核算的及时性。交互分配法通常适用于辅助生产车间之间相互提供劳务较多的企业。

3. 计划成本分配法

计划成本分配法是按劳务的计划单位成本和实际耗用劳务的数量分配辅助生产费用，为便于考核和简化核算，对于辅助生产车间的实际费用和按计划成本计算的分配额之间的差异，可不再按受益比例进行分摊，而直接增加或冲减制造费用或管理费用。在这种方法下，分配辅助生产费用也分两步进行。

第一步：按计划成本对所有的受益部门进行费用的分配。

计划成本分配法的计算公式为

受益单位负担的某项劳务成本＝该部门耗用该项劳务的数量×该项劳务计划单位成本

第二步：计算并处理各辅助生产车间的差异。

各辅助生产车间差异的计算公式为

某辅助车间的成本差异＝该辅助生产车间直接发生的生产费用＋其他辅助车间按计划成本分配转入的费用－该辅助车间分配转出的费用

【例 5-2-4】 康华公司有两个辅助生产车间，分别为供汽车间和机修车间。假定 9 月份两个辅助生产车间归集的生产费用总额分别为 158 000 元和 23 000 元，劳务供应的对象和数量如表 5-2-6 所示。按照计划成本分配辅助生产费用，计划单位成本供汽车间的蒸汽每吨 5.5 元，机修车间维修费每小时 10.5 元。分配过程中产生的劳务成本差异全部列为当月的管理费用。要求：采用计划成本分配法编制辅助生产费用分配表（分配率保留两位小数）。

表 5-2-6　　康华公司辅助生产车间 9 月对外提供劳务数量统计表

受益对象		供汽数量（吨）	机修工时（小时）
辅助生产部门	供汽车间		120
	机修车间	600	
基本生产车间		20 000	1 120
行政管理部门		8 600	1 050
合计		29 200	2 290

（1）根据资料编制辅助生产车间费用分配表，如表5-2-7所示。

表5-2-7　　辅助生产费用分配表（计划成本分配法）

20××年9月

劳务供应 / 项目	供汽车间		机修车间		合计（元）
	数量（件）	费用（元）	数量（件）	费用（元）	
辅助生产费用总额		158 000		23 000	181 000
计划单位成本	5.50		10.50		
供汽车间			120	1 260	1 260
机修车间	600	3 300			3 300
基本生产车间	20 000	110 000	1 120	11 760	121 760
行政管理部门	8 600	47 300	1 050	11 025	58 325
按计划成本分配合计		160 600		24 045	184 645
辅助生产实际成本		161 300		24 260	185 560
辅助生产成本差异		700		215	915

（2）根据辅助生产费用分配表，编制会计分录。

① 按计划成本分配。

借：辅助生产成本—供汽车间　　1 260
　　辅助生产成本—机修车间　　3 300
　　制造费用—辅助生产成本转入　　121 760
　　管理费用—辅助生产成本转入　　58 325
　　贷：辅助生产成本—供汽车间　　160 600
　　　　辅助生产成本—机修车间　　24 045

② 调整辅助生产成本差异。

借：管理费用　　915
　　贷：辅助生产成本—供汽车间　　700
　　　　辅助生产成本—机修车间　　215

采用计划成本分配法便于考核企业内部各单位的成果：在分配表内反映各辅助生产车间的成本差异，便于考核辅助生产车间的成本管理工作；剔除辅助生产成本差异的影响，便于分析考核各基本生产车间的成本水平；采用计划成本分配法还可以简化和加速核算工作；由于计划成本是事先确定的，而且各辅助生产车间的费用只分配一次，因此，各收益单位根据耗用辅助车间劳务或产品的数量，即可确定应负担的费用。但是采用这种方法，必须参照上年或历史资料，制定出本年的计划单位成本，而且计划成本的制定应力求准确，在年度内不宜变动，否则会影响分配的准确性。因此，这种方法只适用于单位计划成本比较稳定、准确的企业。

4. 代数分配法

代数分配法是根据初等代数中解多元一次联立方程的原理，先算出各辅助生产车间劳务的单位成本，然后再根据该单位成本和各受益单位（包括辅助生产车间）耗用的数量计算分配辅助生产费用的一种方法。

这种分配法最核心的内容是运用代数法计算出各辅助生产车间劳务的单位成本。辅助生产车间劳务的单位成本是根据各辅助生产车间发生的劳务总量、费用总量和辅助生产车间相互之间提供的劳务量等因素的关系求出的。

【例 5-2-5】 继【例 5-2-4】，运用代数分配法分配康华公司辅助生产费用（分配率保留两位小数）。

根据资料，按代数分配法计算康华公司辅助生产费用如下。

（1）计算辅助生产车间的单位成本。

设 x 为每吨汽的单位成本，y 为每小时修理的单位成本，可建立二元一次方程组：

$$\begin{cases}158\,000+120y=29\,200x \\ 23\,000+600x=2\,290y\end{cases}$$

上述方程组求解得：x＝5.49（元），y＝11.48（元）。

（2）计算各受益部门分配转入的辅助生产费用。根据单位成本，编制代数分配法下的辅助生产费用分配表，如表 5-2-8 所示。

表 5-2-8　　**辅助生产费用分配表（代数分配法）**

20××年 9 月

辅助生产部门名称			供汽车间	机修车间	合计
辅助生产费用总额（元）			158 000	23 000	181 000
辅助生产部门对外提供的劳务量			28 600	2 170	
单位成本（元）			5.49	11.48	
受益部门	供汽车间	耗用劳务量		120	
		应分配金额（元）		1 377.60	1 377.60
	机修车间	耗用劳务量	600		
		应分配金额（元）	3 294		3 294
	基本生产车间	耗用劳务量	20 000	1 120	
		应分配金额（元）	109 800	12 857.60	122 657.60
	行政管理部门	耗用劳务量	8 600	1 050	
		应分配金额（元）	44 906	8 764.80	53 670.80
分配金额合计（元）			158 000	23 000	181 000

（3）根据辅助生产费用分配表，编制会计分录如下。

借：辅助生产成本—供汽车间　　1 377.60

　　辅助生产成本—机修车间　　3 294

　　制造费用—辅助生产成本转入　　122 657.60

　　管理费用—辅助生产成本转入　　53 670.80

　　贷：辅助生产成本—供汽车间　　158 000

　　　　辅助生产成本—机修车间　　23 000

5. 顺序分配法

顺序分配法又称梯形分配法，是指先按各辅助生产车间的相互耗用劳务的多少排列一个顺序，受益少的辅助生产车间排列在前面，受益多的辅助生产车间排在后面，在分配时，只对尚未分配的辅助生产车间进行分配，不再对已经分配过的辅助生产车间进行分配。其特点是，分配顺序按收益的劳务金额从小到大排序；分配的过程是前者分配给后者，后者不分配给前者；每一个辅助生产车间被分配的辅助生产费用为本车间归集的辅助生产费用加上其他辅助生产车间分来的生产费用。

【例 5-2-6】 继【例 5-2-4】，运用顺序分配法分配康华公司的辅助生产费用（分配率保留两位小数）。

根据上述资料，确定辅助生产费用分配顺序如下。

供汽车间生产费用分配率＝158 000÷29 200＝5.41（元/立方米）

机修车间生产费用分配率＝23 000÷2 290＝10.04（元/小时）

供汽车间受益的产品或劳务金额＝120×10.04＝1 204.80（元）

机修车间受益的产品或劳务金额＝600×5.41＝3 246（元）

因此，该公司20××年9月辅助生产费用分配顺序为供汽车间、机修车间。

（1）根据上述资料，编制该公司20××年9月辅助生产费用分配表，如表5-2-9所示。

表 5-2-9　　辅助生产费用分配表（顺序分配法）

20××年9月

<table>
<tr><td>应借科目</td><td colspan="2">分配供汽车间生产费用</td><td></td></tr>
<tr><td rowspan="7">辅助生产成本</td><td rowspan="3">供汽车间</td><td>顺序分配劳务数量</td><td>29 200</td></tr>
<tr><td>顺序分配生产费用（元）</td><td>158 000</td></tr>
<tr><td>顺序分配率</td><td>5.41</td><td colspan="2">分配机修车间生产费用（元）</td></tr>
<tr><td rowspan="3">机修车间</td><td>受益数量</td><td>600</td><td>顺序分配劳务数量</td><td>2 170</td></tr>
<tr><td>分配金额（元）</td><td>3 246</td><td>顺序分配生产费用（元）</td><td>26 246</td></tr>
<tr><td></td><td></td><td>顺序分配率</td><td>12.09</td><td>辅外部门分配金额合计（元）</td></tr>
<tr><td colspan="2">分配金额小计（元）</td><td>3 246</td><td></td><td>—</td><td>—</td></tr>
<tr><td rowspan="3">制造费用</td><td rowspan="2">基本生产车间</td><td>受益数量</td><td>20 000</td><td></td><td>1 120</td><td>—</td></tr>
<tr><td>分配金额（元）</td><td>108 200</td><td></td><td>13 540.8</td><td>121 740.8</td></tr>
<tr><td colspan="2">分配金额小计（元）</td><td>108 200</td><td></td><td>13 540.8</td><td>121 740.8</td></tr>
<tr><td colspan="2" rowspan="2">管理费用</td><td>受益数量</td><td>8 600</td><td>1 050</td><td>1 050</td><td>—</td></tr>
<tr><td>分配金额（元）</td><td>46 554</td><td></td><td>12 705.2</td><td>59 259.2</td></tr>
<tr><td colspan="3">分配金额合计（元）</td><td>158 000</td><td></td><td>26 246</td><td>—</td></tr>
</table>

（2）根据表辅助生产费用分配表，编制会计分录如下。

借：辅助生产成本—机修车间　　3 246

　　制造费用—辅助生产成本转入　　121 740.8

　　管理费用—辅助生产成本转入　　59 259.2

　　贷：辅助生产成本—供汽车间　　158 000

　　　　辅助生产成本—机修车间　　26 246

需要指出的是，运用这种分配方法，由于各辅助生产车间内部的生产费用只对排列在其后的辅助生产车间和受益的其他部门分配一次，不仅其分配结果比直接分配法的分配结果准确，而且分配的工作量也较小。但是这种分配方法毕竟未全面考虑各辅助生产车间之间交互服务的关系，未进行辅助生产车间内部生产费用的相互分配，所以其分配结果不够准确。另外，辅助生产部门之间受益多少的顺序往往难以确定，从而分配的先后顺序带有一定的主观性。所以，这种分配方法只适合在各辅助生产车间或部门之间相互受益程度有明显顺序的情况下采用。

项目六　制造费用的归集和分配

知识目标：

- ✧ 理解制造费用的概念和内容
- ✧ 掌握制造费用的账户设置
- ✧ 掌握制造费用归集与分配的方法

技能目标：

- ✧ 能够正确区分制造费用与管理费用
- ✧ 能够正确归集制造费用
- ✧ 能够判别企业适用的制造费用的分配方法
- ✧ 能够正确编制制造费用分配表
- ✧ 能够正确编制会计分录

项目导言：

制造型企业在产品生产过程中，除了为生产产品而消耗原材料、燃料动力、人工费用以及接受辅助生产车间提供的产品或劳务外，还会发生与之相关的其他费用，如车间管理人员的工资，厂房、机器、设备的折旧以及车间管理部门为管理产品生产而发生的其他管理费用等，这些费用应当计入产品成本中，但没有专设成本项目，是一种间接费用，即制造费用。可见，制造费用是产品生产过程中不可避免发生的，是产品成本构成的重要内容之一。

6.1　制造费用的归集

一、制造费用的内容

制造费用是指间接用于产品生产的各项费用，以及虽直接用于产品生产，但不便于直接计入产品成本，因而没有专设成本项目的费用。制造费用的项目内容比较复杂，主要包括以下内容。

（1）职工薪酬：指各生产单位的管理人员、工程技术人员和除生产工人之外的其他生产人员的工资、福利、劳动保护、保险等薪酬费用。

（2）折旧费：指各生产单位的机器、设备、房屋、建筑物等固定资产的折旧费。

（3）修理费：指各生产单位因修理固定资产而发生的各项修理费用。

（4）租赁费：指各生产单位支付租入固定资产的租金，但不包括融资租赁费。

（5）周转材料摊销费：指各生产单位因使用包装物、低值易耗品而产生的摊销费用。

（6）办公费：指各生产单位办理公务耗用的文具、邮电、宣传和其他办公用品等费用。

（7）水电费：指各生产单位在组织、管理生产中耗用的自制或外购的水电费，但不包括直接用于生产的水电费。

（8）差旅费：指各生产单位职工因公外出发生的交通、住宿及出差补助等费用。

（9）设计制图费：指各生产单位应负担的图纸、委托设计部门设计制图而发生的费用。

（10）试验检验费：指各生产单位对材料、半成品、产成品进行试验和检验而发生的费用。

（11）停工损失：指各生产单位因季节性停工或修理期间停工而发生的损失费用，但不包括因意外事故停工而发生的停工损失费用。

二、制造费用的归集

制造费用的归集和分配应当通过“制造费用”账户进行。该账户应当根据有关付款凭证、转账凭证和各种费用分配表登记；此外，还应按不同的车间设立明细账，账内按照费用项目设立专栏，分别反映各车间各项制造费用的发生情况和分配转出情况。

在实际工作中，基本生产车间和辅助生产车间关于制造费用分为以下两种情况进行处理。

1. 辅助生产车间不单独设置“制造费用”账户

在这种情况下，辅助生产车间发生的制造费用，可直接计入“辅助生产成本”账户，不再通过“制造费用”账户核算。

2. 辅助生产车间设置“制造费用”账户

在这种情况下，辅助生产车间发生的制造费用，必须通过“制造费用—××辅助生车间”账户核算。基本生产车间和辅助生产车间的制造费用需要分别归集和分配，程序是先归集和分配辅助生产车间的制造费用，再归集和分配基本生产车间的制造费用。

【例 6-1-1】 根据【例 4-2-4】、【例 4-3-4】、【例 4-4-1】、【例 4-5-6】、【例 4-5-8】和【例 5-2-1】相关资料登记新威公司“制造费用”明细账簿。

归集新威公司制造费用，汇总登记“制造费用”明细账，如表 6-1-1 所示。

表 6-1-1　　　　　　　　　　　　　　　“制造费用”明细账

车间名称：基本生产车间

20××年		凭证号数		摘要	借方	原材料	工资	水电费	折旧	办公费	运费
月	日	字	号								
7	31	转	1	分配材料	5 500	5 500					
7	31	转	2	分配工资	20 800		20 800				
7	31	转	3	分配水电费	2 260			2 260			
7	31	转	4	分配折旧费	6 400				6 400		
7	31	付	1	分配办公费	1 386					1 386	
7	31	转	5	分配运费	23 440						23 440

6.2　制造费用的分配

通过制造费用的归集，企业在某一会计期间发生的制造费用都已归集到了“制造费用”总账及其明细账中。会计期末时，为了正确计算产品生产成本，必须将制造费用合理地分配到有关产品的成本中去。

一、制造费用分配的程序

在只生产一种产品的车间中，制造费用属于直接计入的费用，可以直接计入该种产品的生产成本；在生产多种产品的车间中，对于按产品品种归集的“制造费用—××产品”，属于直接计入的费用，可以直接计入该种产品的生产成本。对于不能分清属于哪种产品的共同性制造费用，则应采用适当的分配方法分配计入各种产品的成本。

二、制造费用的分配方法

制造费用的分配方法很多，主要有生产工人工时比例法、生产工人工资比例法、机器工时比例法和年度计划分配率法等。

1. 生产工人工时比例法

生产工人工时比例法又称为生产工时比例法，是以各种产品耗用的生产工人工时（简称为生产工时）作为分配标准分配制造费用的方法。生产工时可以用实际工时，也可以采用定额工时。其计算公式如下。

$$制造费用分配率=\frac{制造费用总额}{各种产品的生产工人工时之和}$$

$$某种产品应分配的制造费用=该种产品的生产工人工时\times制造费用分配率$$

【例 6-2-1】 根据【例 6-1-1】归集的新威公司基本生产车间的制造费用和【例 4-3-4】的工时定额表，编制制造费用分配表（分配率保留两位小数），继续登记“制造费用”明细账簿。

（1）按生产工人工时比例法分配制造费用，如表 6-2-1 所示。

表 6-2-1

制造费用分配表

20××年 7 月 31 日

应借账户		分配标准（小时）	分配率	分配金额（元）
基本生产成本	甲产品	3 800	9.96	37 848
	乙产品	2 200		21 938
合计		6 000		59 786

（2）根据制造费用分配表，编制会计分录如下。

借：基本生产成本—甲产品　　37 848
　　基本生产成本—乙产品　　21 938
　　贷：制造费用　　59 786

（3）分配后，继续登记“制造费用”明细账，如表 6-2-2 所示。

表 6-2-2

“制造费用”明细账

车间名称：基本生产车间

20××年		凭证号数		摘要	借方	原材料	工资	水电费	折旧	办公费	运费
月	日	字	号								
7	31	转	1	分配材料费	5 500	5 500					
7	31	转	2	分配工资	20 800		20 800				
7	31	转	3	分配水电费	2 260			2 260			
7	31	转	4	分配折旧费	6 400				6 400		
7	31	付	1	分配办公费	1 386					1 386	
7	31	转	5	分配运费	23 440						23 440
7	31	转	6	分配制造费用	−59 786						
合计					0						

2. 生产工人工资比例法

生产工人工资比例法是指以各种产品的生产工人实际工资为标准，分配制造费用的一种方法。其计算公式如下。

$$制造费用分配率=\frac{制造费用总额}{各种产品的生产工人工资总额}$$

某种产品应分配的制造费用＝该种产品的生产工人工资×制造费用分配率

【例 6-2-2】 根据【例 6-1-1】归集的新威公司基本生产车间的制造费用和【例 4-3-4】中各产品生产工人工资资料，要求：采用生产工人工资比例法编制制造费用分配表（分配率保留两位小数）。

（1）根据生产工人工资比例法，编制制造费用分配表，如表 6-2-3 所示。

表 6-2-3

制造费用分配表

20××年 7 月 31 日

应借账户		分配标准（元）	分配率	分配金额（元）
基本生产成本	甲产品	114 380	0.33	37 745.40
	乙产品	66 220		22 040.60
合计		180 600		59 786

（2）根据制造费用分配表，编制会计分录如下。

借：基本生产成本—甲产品　　37 745.40

—乙产品　　22 040.60

贷：制造费用　　59 786

由于工资费用分配表中有直接的生产工人工资的资料，因而采用该种分配方法的核算工作很简便。但是，采用这种方法的前提是各种产品生产机械化程度要大致相同，否则，机械化程度低的产品所用的工资费用多，分配的制造费用也多；机械化程度高的产品，由于工资费用少，分配的制造费用也少，从而影响制造费用分配的合理性。因为在制造费用中包括很大一部分机械设备的使用和维修费用，这些费用对于机械化程度低的产品来说，不应该负担多一些，相反应负担少一些。如果生产工人工资是按实际生产工时比例分配计入各种产品成本的，那么，按照生产工人工资比例分配制造费用，实际上就是按生产工人实际工时比例分配制造费用。

3. 机器工时比例法

机器工时比例法是指按照各种产品所消耗的机器工时比例分配制造费用的方法。其计算公式如下。

$$制造费用分配率=\frac{制造费用总额}{各种产品耗用机器工时总数}$$

$$某种产品应分配的制造费用=该种产品耗用机器工时数\times 制造费用分配率$$

机器工时比例法适用于产品生产机械化程度较高的车间。因为在这种车间的制造费用中，与机械设备使用有关的费用所占比重较大，而这一部分费用与机器设备运转的时间有着密切的联系。采用这一方法必须具备各种产品所用机器工时的原始记录。

4. 年度计划分配率法

年度计划分配率法是根据企业在正常生产经营条件下各生产车间或分厂的制造费用年度预算和年度各产品计划产量的定额工时，事先计算出各生产车间或分厂的制造费用年度计划分配率，然后根据年度计划分配率和各月实际产量定额工时分配制造费用的一种方法。其计算公式如下。

$$年度计划分配率=\frac{年度制造费用计划总额}{年度各种产品计划产量的定额工时总数}$$

$$某种产品应分配的制造费用=该月该种产品实际产量的定额工时数\times 年度计划分配率$$

采用这种方法，不论各月实际发生的制造费用是多少，每月各种产品成本中的制造费用都是按年度计划确定分配。但在年度内若发现全年制造费用的实际数和产品实际产量与计划发生较大差额，应及时调整年度计划分配率。

【例 6-2-3】 康华公司基本生产车间生产甲、乙两种产品，全年制造费用预算总额为 500 000 元，全年计划产量为甲产品 9 000 件，乙产品 6 500 件。甲产品单位工时定额为 25 小时，乙产品单位工时定额为 12 小时。9 月实际发生的制造费用为 40 859 元，实际产量为甲产品 740 件，乙产品 820 件，要求分配 9 月的制造费用。对本月归集的制造费用以年度计划分配率为标准进行分配和结转（分配率保留两位小数）。

制造费用年度计划分配率＝500 000÷（25×9 000＋12×6 500）＝1.65

制造费用分配表如表 6-2-4 所示。

表 6-2-4 制造费用分配表

20××年 9 月 30 日

项目	甲产品	乙产品	合计
实际产量（件）	740	820	
直接人工工时定额（小时）	25	12	
直接人工工时总额定额（小时）	18 500	9 840	28 340
计划分配率	1.65	1.65	
制造费用分配额（元）	30 525	16 236	46 761

根据制造费用分配表，编制会计分录如下。

借：基本生产成本—甲产品 30 525

　　　　　　　—乙产品 16 236

　贷：制造费用 46 761

9 月份分配结转制造费用共计 46 761 元，比实际归集的制造费用多分配了 5 902 元，平时不做调整，留待年末再调整。

用年度计划分配率法分配的是年度计划制造费用，而不是当期实际发生的制造费用，因此，必然会出现“制造费用”账户月末有余额，可能是借方余额，也可能是贷方余额。这项余额是年度计划与当期实际发生额的差额，差额平时保留在“制造费用”账户中，暂不分配，逐月累计至年终时再进行调整。年终调整分配后，“制造费用”账户应无余额。年末调整差异的方法有以下两种。

（1）差异的调整方法是将全年累计差额以各产品全年已承担的制造费用为比例分配计入 12 月的产品成本，借记“生产成本—××产品”账户，贷记“制造费用”账户。记账方向是，如果实际发生额大于计划分配额，用蓝字登记；如果实际发生额小于计划分配额，用红字冲回。

【例 6-2-4】 康华公司基本生产车间生产甲、乙两种产品，全年累计制造费用超支差为 8 420 元，甲产品全年按预定分配率分配计算共承担制造费用 370 280 元，乙产品全年按预定分配率分配计算共承担制造费用 121 300 元。要求：调整差异并结转账务（分配率保留四位小数）。

差异调整分配率＝8 420÷（370 280＋121 300）＝0.017 1

甲产品应负担差异＝0.017 1×370 280＝6 331.79（元）

乙产品应负担差异＝8 420－6 331.79＝2 088.21（元）

根据以上数据计算，编制会计分录如下。

借：基本生产成本—甲产品 6 331.79

　　基本生产成本—乙产品 2 088.21

　贷：制造费用 8 420

（2）差异调整方法是将全年累计差额并入 12 月制造费用发生额中，然后采用实际分配率分配 12 月的制造费用。

【例 6-2-5】康华公司基本生产车间生产甲、乙两种产品，11 月末累计制造费用超支差为 7 000 元，12 月该车间实际发生制造费用 38 000 元，生产甲产品耗用工时 3 000 小时，乙产品 2 500 小时。要求：以生产工人实际工时比例法为标准进行分配和结转 12 月的制造费用（分配率保留四位小数）。

制造费用总额＝38 000＋7 000＝45 000（元）

生产工时总数＝3 000＋2 500＝5 500（小时）

分配率＝45 000÷5 500＝8.181 8（元/小时）

甲产品应负担制造费用＝3 000×8.181 8＝24 545.40（元）

乙产品应负担制造费用＝45 000－24 545.4＝20 454.60（元）

根据以上数据计算，编制会计分录如下：

借：基本生产成本—甲产品　　24 545.40

　　基本生产成本—乙产品　　20 454.60

　　贷：制造费用　　45 000

通过上述制造费用的归集和分配，除了采用年度计划分配率法的企业以外，“制造费用”总账账户和所属明细账都没有月末余额。

项目七　损失性费用的归集和分配

知识目标：

- ✧ 了解会计视角下生产损失的概念
- ✧ 掌握废品损失的核算
- ✧ 熟悉停工损失的核算

技能目标：

- ✧ 了解生产损失归集分配的账户设置
- ✧ 能够正确编制废品损失计算表
- ✧ 能够正确编制废品损失、停工损失会计分录

项目导言：

企业在生产经营过程中发生一定的损失性费用是不可避免的。损失性费用是指企业在生产过程中由于生产工艺、生产的外部条件、原材料质量、生产工人的技术水平、生产组织和管理等各种原因的影响而造成的人力、物力上的损耗，绝大多数构成生产性支出，并由产品成本负担。损失性费用按其发生的原因可分为废品损失、停工损失以及在产品盘亏损失和毁损损失等。

7.1　废品损失的归集和分配

一、废品损失的概述

废品是指生产过程中发生的、质量不符合规定的技术标准、不能按照原定用途使用或者需要加工修理后才能使用的在产品、半成品和产成品。

根据是否可以修复，可将废品分为可修复废品与不可修复废品两种。其中，可修复废品是指技术上可以修复，而且所用的修复费用在经济上合算的废品；不可修复废品则是指技术上不能修复，或者技术上可以修复但所花费的修复费用在经济上不合算的废品。

根据废品产生的原因，按生产要素可将废品分为工废品和料废品。工废品是指由于加工原因（如人工操作等）造成的废品，过失人对此承担责任，不仅不计发工资，还应视情况进行赔偿；料废品是指由于原材料或半成品的质量不符合要求而造成的废品，工人对此不承担责任。

废品损失是指生产过程中以及入库后发现的，由于生产原因造成的废品修复费用和报废损失。废品损失包括可修复废品的修复费用和不可修复废品的报废损失（生产成本减去废品残值后的净损失）。造成废品的过失人的赔偿，应冲减废品损失。

在实际工作中应注意，下列情况不属于“废品损失”。

1. 不合格品降价损失

经过质量检验部门鉴定不需要返修、可以降价出售的不合格品的成本，应与合格品同样计算成本。其售价低于合格品所发生的损失，在计算销售损益时体现，不作为废品损失处理。

2. 库存产品保管损失

产成品入库后，由于保管不善等原因而损坏变质的损失，属于管理上的问题，应作为管理费用处理，不作为废品损失处理。

3. “三包”产品售后损失

实行包退、包修、包换“三包”的企业，在产品出售以后发现的废品所发生的一切损失，应计入管理费用，不作为废品损失处理。

为了单独核算废品损失，应设置“废品损失”账户。“废品损失”账户一般按车间设立明细账并按产品品种分设专户，该账户借方登记包括可修复废品的修复费用和不可修复废品的生产成本；贷方反映废品材料回收的价值和应向责任人索赔的金额。“废品损失”账户上述借方发生额大于贷方发生额的差额，就是废品损失，应由本月同种产品的成本负担，借记“基本生产成本”账户，贷记“废品损失”账户，月末该账户无余额。

基本生产车间可以单独核算废品损失，也可以不单独核算废品损失，辅助生产车间由于规模一般不大，为了简化核算工作，都不单独核算废品损失。

二、可修复废品的归集和分配

可修复废品的损失是指在修复过程中支付的各项修复费用，包括材料费用、工资费用和制造费用。可修复废品损失归集的时间是指在废品修复发生的时候，而不是在修复之前。如果当月发生废品，下月进行修复，废品损失就应该在下月的成本计算单上进行归集，而不能在当月的成本计算单上归集。

可修复废品的损失计算公式如下。

可修复废品的损失＝全部修复费用－责任人赔偿

【例 7-1-1】 康华公司一车间在产品质量检验中发现未入库的甲产品中有 8 件可修复废品，在 9 月份进行修复。修复过程中实际耗用材料费用 300 元，实际耗用工时 20 小时，每小时工资 8 元，每小时制造费用 5 元，应由责任人赔偿 80 元。要求：计算 9 月份一车间的废品损失并编制相应的会计分录。

（1）根据上述资料，编制废品损失计算表，如表 7-1-1 所示。

表 7-1-1　　　　废品损失计算表

车间：一车间　　　　产品名称：甲产品　　　　20××年 9 月　　　　单位：元

项目	修复费用			
	直接材料	直接人工	制造费用	合计
废品修复所耗实际费用	300	160	100	560
减：责任人赔偿		80		
废品净损失	300	80	100	480

（2）编制会计分录如下。

① 发生修复费用。

借：废品损失—甲产品　　560

　　贷：原材料　　300

　　　　应付职工薪酬　　160

　　　　制造费用　　100

② 责任人赔偿。

借：其他应收款—甲产品　　80

　　贷：废品损失—甲产品　　80

③ 修复完工，符合规定的技术标准，结转废品损失。

借：基本生产成本—甲产品　　480

　　贷：废品损失—甲产品　　480

三、不可修复废品的归集和分配

不可修复废品的损失是指截至报废时，废品已经发生的生产成本扣除残值和应收的赔偿后的净损失。不可修复废品在报废前，其所耗成本是与合格品混在一起的，因此要采用适当的分配方法，将费用在合格品与废品之间进行分配，计算出不可修复废品所耗的生产成本。计算时应根据企业成本计算的方法进行，如果企业成本计算是按实际成本计算的，不可修复废品的损失也按实际成本计算；如果企业成本计算是按定额成本计算的，不可修复废品的损失也按定额成本计算。

不可修复废品的损失计算公式如下。

不可修复废品的损失＝废品生产成本－残值－过失人赔款

1. 按废品所耗实际费用计算

如果废品是完工后被发现的，不论是否入库，单位废品负担的各项生产费用应与单位合格品完全相同，均可按合格品与废品数量比例进行分配，计算出不可修复废品的生产成本；如果废品是完工前被发现的，应先根据废品的已加工程度将其折算为完工产品，再进行分配，计算出不可修复废品的生产成本。其具体计算公式如下。

$$废品应负担的材料费用=\frac{某产品材料费用总额}{合格品数量+废品约当产量}\times 废品约当产量$$

$$废品应负担的工资费用=\frac{某产品工资费用总额}{合格品数量+废品约当产量}\times 废品约当产量$$

$$废品应负担的制造费用=\frac{某产品制造费用总额}{合格品数量+废品约当产量}\times 废品约当产量$$

【例 7-1-2】 康华公司一车间 9 月共生产甲产品 600 件，完工后发现不可修复废品 10 件，已知 600 件甲产品的总成本是 60 000 元，其中直接材料成本 50 000 元，直接人工成本 5 000 元，制造费用 5 000 元，废品残值 50 元，假定材料在生产开工时一次全部投入。要求：计算 10 件不可修复废品的损失（结果保留两位小数），并编制相应的会计分录。

（1）根据上述资料，废品是在完工后被发现的，各项费用可按合格品与废品的数量比例进行分配。编制不可修复废品损失计算表，如表 7-1-2 所示。

表 7-1-2　　废品损失计算表（按废品所耗实际费用计算）

车间：一车间

产品名称：甲产品　　20××年 9 月　　单位：元

项目	直接材料	直接人工	制造费用	合计
废品所耗实际费用	833.33	83.33	83.33	999.99
减：残值	50			
废品净损失	783.33	83.33	83.33	949.99

其中：

废品的直接材料费用=50 000÷（590+10）×10=833.33（元）

废品的直接人工费用=5 000÷（590+10）×10=83.33（元）

废品的制造费用=5 000÷（590+10）×10=83.33（元）

10 件不可修复废品的净损失=833.33+83.33+83.33－50=949.99（元）

（2）根据表 7-1-2，编制会计分录如下。

① 不可修复废品确认后，结转不可修复废品成本。

借：废品损失—甲产品　　999.99

　　贷：基本生产成本—甲产品　　999.99

② 残料入库。

借：原材料　　50

　　贷：废品损失—甲产品　　50

③ 废品损失确认后，结转不可修复废品的净损失。

借：基本生产成本—甲产品　　　　949.99

　贷：废品损失—甲产品　　　　949.99

2. 按废品所耗定额费用计算

按废品所耗定额费用计算是指按废品的数量和废品的各项费用定额计算废品的定额成本，废品的定额成本扣除废品残料的回收价值即为废品损失。

【例 7-1-3】 康华公司一车间 9 月共生产甲产品 600 件，完工后发现不可修复废品 10 件，已知甲产品每件材料费用定额 82 元，工时定额 6 小时，计划小时工资率 5 元，计划小时制造费用率 3 元，废品残值 50 元，假定材料在生产开工时一次全部投入。要求：计算 10 件不可修复废品的损失。

根据上述资料，编制不可修复废品损失计算表，如表 7-1-3 所示。

表 7-1-3　　废品损失计算表（按废品所耗定额费用计算）

车间：一车间

产品名称：甲产品　　　　20××年 9 月

项目	直接材料（元）	定额工时（小时）	直接人工（元）	制造费用（元）	合计（元）
费用定额	82	6	5	3	
废品所耗定额费用	820		300	180	1 300
减：残值	50				
废品净损失	770		300	180	1 250

其中：

废品应负担的定额材料费用＝82×10＝820（元）

废品应负担的定额人工费用＝6×5×10＝300（元）

废品应负担的定额制造费用＝6×3×10＝180（元）

10 件不可修复废品的净损失＝820＋300＋180－50＝1 250（元）

按废品的实际数量和定额费用计算废品的定额成本，由于费用定额事先规定，计入产品成本的废品损失数额仅受废品数量多少的影响，不受废品实际费用水平高低的影响。这样不仅计算比较简便，而且有利于分析和考核生产过程中的废品损失，便于产品成本的分析和考核。但是，采用这一方法计算和分配废品损失必须具备比较准确的消耗定额资料。

四、废品损失综合举例说明

企业可修复废品和不可修复废品往往是同时发生的，但不管是否同时发生，除费用归集内容有所不同外，废品损失分配是完全相同的，下面将两者结合起来综合举例说明。

【例 7-1-4】 康华公司一车间 9 月共生产甲产品 600 件，已知总成本 60 000 元，其中，直接材料成本 50 000 元，直接人工成本 5 000 元，制造费用 5 000 元。继【例 7-1-1】资料，完工后发现 8 件可修复废品，9 月全部修复完工，符合规定的技术标准，共发生修复费用 560 元，责任人赔偿 80 元。继【例 7-1-2】资料，发现不可修复废品 10 件，废品残值 50 元。要求：结转废品损失。

（1）废品损失计算如表 7-1-4 所示。

表 7-1-4　　废品损失计算表

车间：一车间

产品名称：甲产品　　20××年 9 月　　单位：元

摘要	直接材料	直接人工	制造费用	合计
可修复废品的修复费用	300	160	100	560
减：责任人赔偿		80		
转入不可修复废品成本	833.33	83.33	83.33	999.99
减：残值	50			
废品净损失合计	1 083.33	163.33	183.33	1 429.99

① 发生修复费用时，会计分录如下。

借：废品损失—甲产品　　560

　贷：原材料　　300

　　　应付职工薪酬　　160

　　　制造费用　　100

② 责任人赔偿时，会计分录如下。

借：其他应收款—甲产品　　80

　贷：废品损失—甲产品　　80

③ 结转不可修复废品成本时，会计分录如下。

借：废品损失—甲产品　　999.99

　贷：基本生产成本—甲产品　　999.99

④ 残料入库时，会计分录如下。

借：原材料　　50

　贷：废品损失—甲产品　　50

⑤ 结转废品净损失时，会计分录如下。

借：基本生产成本—甲产品　　1 429.99

　贷：废品损失—甲产品　　1 429.99

（2）登记“生产成本—甲产品”明细账，如表 7-1-5 所示。

表 7-1-5　　“生产成本”明细账

产品名称：甲产品　　20××年 9 月

摘要	借方	成本项目			
		直接材料	直接人工	制造费用	废品损失
生产费用小计	60 000	50 000	5 000	5 000	
转出不可修复废品成本	−999.99	−833.33	−83.33	−83.33	
转入废品净损失	1 429.99				1 429.99
本月生产费用合计	60 430	49 166.67	4 916.67	4 916.67	1 429.99

7.2 停工损失的归集和分配

一、停工损失的概述

停工损失是指企业生产单位在停工期间发生的各项费用，包括停工期内支付的直接人工费用和应负担的制造费用。

造成企业生产单位停工的原因多种多样，按照停工原因可以分为季节性生产停工和非季节性生产停工。其中，非季节性生产停工包括机械设备大修理停工、原材料和半成品供应不及时停工、生产任务下达不及时停工、工具缺乏停工、设计图纸和工艺文件缺乏或错误停工、意外事故停工、自然灾害停工以及减产停工等。企业停工的时间有长有短，范围有大有小。为了简化计算，停工不满一个工作日的，可以不计算停工损失。

停工损失由于产生的原因不同，其分配结转的方法也不同。

（1）由于自然灾害引起的停工损失，应按照规定计入营业外支出。

（2）停工损失应向过失单位或保险公司索赔的，应将款项转入其他应收款。

（3）对于其他停工损失，如季节性和固定资产修理期间的停工损失，应计入产品成本，由该车间所生产的产品负担。

二、停工损失的核算

1. 核算依据

停工损失的核算依据是停工报告单。企业发生停工时，由车间填制停工单，并在考勤记录中登记。在停工单中，应详细列明停工的范围、起止时间、原因、过失单位等内容。停工单经会计部门审核后，作为停工损失核算的原始凭证。

2. 账户设置

（1）单独核算停工损失：在停工损失较多需要单独核算停工损失的企业，可单设“停工损失”账户对停工损失进行核算，也可根据重要性原则，在“基本生产成本”账户下设置“停工损失”二级账户，在产品“生产成本”明细账中增设“停工损失”成本项目，用以归集和分配所发生的停工损失。

“停工损失”账户是为了归集和分配停工损失而设立的。该账户借方归集本月发生的停工损失，贷方分配结转停工损失。应由过失单位或过失人赔款的款项，应从“停工损失”账户的贷方转入“其他应收款”账户。其余的停工净损失在月末分不同情况进行结转，月末一般无余额。该账户应按车间分别设置明细账，账内按成本项目分设专栏或专行进行明细分类核算。

（2）不单独核算停工损失：在停工损失较少的企业，为了简化核算，可以不设“停工损失”账户和“停工损失”成本项目。其停工期间内发生的停工损失，直接记入“制造费用”“其他应收款”“营业外支出”等账户。

【例 7-2-1】 康华公司一车间生产甲产品，由于设备大修停工 5 天，停工期间应支付工人工资 7 856 元，应负担制造费用 1 230 元，二车间生产乙产品，由于外部供电线路原因停工 2 天，停工期间应支付工人工资 2 548 元，应负担制造费用 640 元，请根据以上资料编制会计分录。

借：停工损失—一车间　　9 086
　　停工损失—二车间　　3 188
　　贷：应付职工薪酬—工资　　10 404
　　　　制造费用—一车间　　1 230
　　　　制造费用—二车间　　640

【例 7-2-2】 在上例中，一车间设备大修为正常停工，停工损失 9 086 元应计入成本中；二车间停工为非正常停工，停工损失 3 188 元应计入营业外支出。假设供电局同意赔偿由于停工给企业造成的损失 2 500 元，请根据以上资料编制会计分录。

借：基本生产成本—甲产品　　9 086
　　其他应收款—供电局　　2 500
　　营业外支出—停工损失　　688
　　贷：停工损失—一车间　　9 086
　　　　停工损失—二车间　　3 188

项目八　生产费用在完工产品和在产品之间的分配

知识目标：

✧ 了解在产品的含义及在产品数量的确定方法
✧ 掌握生产费用在完工产品与月末在产品之间的分配方法

技能目标：

✧ 能够正确判断企业适用的生产费用在完工产品和在产品之间的分配方法
✧ 能够运用各种分配方法正确编制产品成本计算单
✧ 能够正确编制“生产成本”明细账及产品成本汇总表

项目导言：

在会计期末企业产品全部完工的情形并不多见，一般来说，企业在期末都会有部分完工产品和部分未完工产品，而完工产品的成本核算则需将本期归集的生产费用与月初在产品成本之和，在本期完工产品与期末在产品之间进行分配。因而，正确划清完工产品和期末在产品之间的费用界限是成本核算的一个重要环节。

8.1　在产品数量的核算

一、在产品的含义

广义在产品的含义是从整个企业而言的，它是指没有完成全部生产过程、不能作为商品销售的产品。它包括正在车间加工或装配的在产品（含正在返修的废品）、已经完成一个或几个生产步骤但还需继续加工的半成品、尚未验收入库的产成品和等待返修的废品。

狭义在产品的含义是从某一生产单位（如分厂或车间）或某一生产步骤而言的，它仅指本生产单位或本步骤正在加工中的那部分在产品，不包括本生产单位或本步骤已经完工的半成品。本项目所讨论的在产品是指狭义的在产品。

二、在产品数量的核算

在产品数量的核算应该做好两方面的工作：一是在产品收发结存的日常核算工作；二是在产品的清查工作。

1. 在产品收发结存的日常核算

为了进行在产品收发结存的日常核算，应分别在车间按产品品种和在产品的名称（如零、部件的名称）设立在产品收发结存账（即在产品台账），其主要作用是提供车间各种在产品收发结存动态的业务核算资料。

在产品收发结存账格式样例如表 8-1-1 所示。

表 8-1-1　　在产品收发结存账

车间：××车间　　20××年××月　　零部件名称：

月	日	摘要	收入		转出			结存	
			凭证号	数量	凭证号	合格品	废品	完工	未完工
合计									

在产品收发结存账一般由车间核算员进行登记，也可由各班组核算员进行登记，然后由车间核算员进行汇总。

2. 在产品清查的核算

在产品的管理应该与固定资产及其他存货一样，定期或不定期地进行清查，保证在产品的安全、完整，达到在产品账实相符。在产品清查一般于月末结账前进行，应根据实际盘点数和账面资料编制在产品盘存表，列明在产品的账面数、实有数、盘盈盘亏数以及盘亏的原因及处理意见等，对于报废和毁损的在产品还要登记残值。成本核算人员应对在产品盘存表进行认真审核，并报有关部门审批，同时对在产品盘盈、盘亏进行账务处理。具体账务处理如下。

（1）发生在产品盘盈时，会计分录如下。

借：基本生产成本—×产品

　　贷：待处理财产损溢—待处理流动资产损溢

批准后转销时，会计分录如下。

借：待处理财产损溢—待处理流动资产损溢

　　贷：管理费用

（2）发生在产品盘亏及毁损时，会计分录如下。

借：待处理财产损溢—待处理流动资产损溢

　贷：基本生产成本—×产品

批准后转销时应区别不同情况来处理，会计分录如下。

借：原材料（毁损在产品收回的残值）

　其他应收款（应收过失人或保险公司赔偿的损失）

　营业外支出（由意外灾害造成的非常损失）

　管理费用（无法收回的其他损失）

　贷：待处理财产损溢—待处理流动资产损溢

在实际工作中，在产品数量的两种确定方式往往同时运用，即在做好在产品收发日常核算工作的同时，也要做好在产品定期盘点工作，以便保证在产品数量的准确性。

三、在产品与完工产品的计算关系

月初、月末在产品成本、本月生产费用和本月完工产品成本四者之间的关系如下。

月初在产品成本＋本月生产费用＝本月完工产品成本＋月末在产品成本

其中，月初在产品成本、本月生产费用是已知数据，这两项费用之和需在本月完工产品和月末在产品之间进行分配，分配的方法通常有两种情况：一种情况是月末在产品具有某些特性（如数量少、数量相对固定、某个成本项目所占比重较大和有较好的定额基础等），这种情况下可以较容易地确定月末在产品的成本，然后再计算完工产品成本；另一种情况是月末在产品没有某些特性，需要按照一定的分配方法将等式左侧之和在本月完工产品和月末在产品之间进行分配，同时计算出本月完工产品成本和月末在产品成本。

将上述公式进行移项，可得出：

本月完工产品成本＝月初在产品成本＋本月生产费用－月末在产品成本

8.2　生产费用在完工产品和在产品之间的分配方法

生产费用在完工产品和月末在产品之间的分配方法有不计算在产品成本法、在产品按年初数固定计算法、在产品按原材料费用计价法、约当产量比例法、在产品按完工产品成本计算法、在产品按定额成本计价法和定额比例法 7 种。在同一个企业里，生产费用在完工产品和月末在产品之间的分配方法一经选定，一般不得随意变更。

一、不计算在产品成本法

不计算在产品成本法是指某种产品本月归集的生产费用全部由该种完工产品负担，在产品不负担。分配等式如下。

月末在产品成本＝0

本月完工产品成本＝本月生产费用

这种方法适用于各月末在产品数量很小、算不算在产品成本对于完工产品成本的影响很小、管理上也不要求计算在产品成本的情况。为了简化核算工作，可以不计算在产品成本，即某种产品本月归集的全部生产费用就是该种产品完工产品成本。例如，自来水生产企业、发电企业、采掘企业等单位可采用这种方法。

【例 8-2-1】 康华公司基本生产车间生产甲产品，9 月生产情况如下：月初在产品 1 件，本月完工 1 000 件，月末在产品 2 件，本月发生原材料费用 22 200 元，直接人工费用 3 100 元，制造费用 2 050 元。要求：计算本月完工产品总成本和单位成本。

根据已知条件：求解过程如表 8-2-1 所示。

表 8-2-1　　　　产品成本计算单

产品名称：甲产品　　　　20××年 9 月　　　　单位：元

摘要	直接材料	直接人工	制造费用	合计
月初在产品成本				
本月生产费用	22 200	3 100	2 050	27 350
合计	22 200	3 100	2 050	27 350
本月完工产品成本	22 200	3 100	2 050	27 350
月末在产品成本				

甲产品完工产品单位成本＝27 350÷1 000＝27.35（元）

二、在产品按年初数固定计算法

在产品按年初数固定计算法是指对各月在产品成本按年初在产品成本固定数计算成本的一种方法。分配等式如下。

月末在产品成本＝月初在产品成本

本月完工产品成本＝本月生产费用

这种方法适用于在产品数量较小，或在产品数量虽大但各月之间在产品数量变动不大，也就是说各月在产品数量较稳定的产品，以及算不算各月在产品成本的差额，对完工产品成本的影响不大等情况。为了简化核算工作，各月末在产品成本可以按年初在产品成本固定计算。例如，炼铁厂、化工厂或其他有固定容器装置的在产品，数量都较稳定，可采用这种方法。

【例 8-2-2】 康华公司基本生产车间生产甲产品，每月末在产品数量变化不大。9 月份生产情况如下：生产费用合计为 100 250 元，其中直接材料 70 000 元，直接人工 22 200 元，制造费用 8 050 元。甲产品年初在产品固定成本合计为 900 元，其中直接材料 500 元，直接人工 220 元，制造费用 180 元。本月完工产品 500 件，月末在产品 50 件，该公司采用在产品按年初数固定计算法。要求：计算本月完工产品总成本和单位成本。

根据已知条件：求解过程如表 8-2-2 所示。

表 8-2-2　　　　产品成本计算单

产品名称：甲产品　　　　20××年 9 月　　　　单位：元

摘要	直接材料	直接人工	制造费用	合计
月初在产品成本	500	220	180	900
本月生产费用	70 000	22 200	8 050	100 250
合计	70 500	22 420	8 230	101 150
本月完工产品成本	70 000	22 200	8 050	100 250
月末在产品成本	500	220	180	900

甲产品完工产品单位成本＝100 250÷500＝200.50（元）

三、在产品按原材料费用计价法

在产品按原材料费用计价法是指月末在产品只计算其所耗用的原材料费用，不计算直接人工及制造费用等加工费用，产品的加工费用全部计入完工产品成本。分配等式如下。

月末在产品成本＝分配后所应承担的原材料费用

本月完工产品成本＝月初在产品成本＋本月生产费用－月末在产品成本

这种方法适用于各月末在产品数量较大，各月末在产品数量变化也较大，同时，原材料费用在成本中所占比重较大的产品。为了简化核算工作，在产品成本可以只计算原材料费用，不计算其他费用，其他费用全部由完工产品成本负担。例如，纺织、造纸、酿酒等行业，其原材料费用都占产品成本的70%以上，可采用这种方法。

【例 8-2-3】 康华公司基本生产车间生产甲产品，该产品原材料费用在产品成本中所占比重较大，在产品只计算原材料费用。9 月生产情况如下：月初在产品成本为 20 000 元，本月发生原材料费用 70 000 元，生产工人工资 4 000 元，制造费用 2 000 元。本月完工产品 2 000 件，月末在产品 400 件，原材料在产品生产之初一次投入，原材料费用按完工产品和在产品的数量比例分配。要求：计算本月完工产品总成本和单位成本。

根据已知条件：求解过程如表 8-2-3 所示。

表 8-2-3　　产品成本计算单

产品名称：甲产品　　20××年 9 月

摘要	直接材料	直接人工	制造费用	合计
月初在产品成本（元）	20 000			20 000
本月生产费用（元）	70 000	4 000	2 000	76 000
合计（元）	90 000	4 000	2 000	96 000
在产品数量（件）	400			
完工产品产量（件）	2 000			
分配率	37.5			
本月完工产品成本（元）	75 000	4 000	2 000	81 000
月末在产品成本（元）	15 000			15 000

甲产品完工产品单位成本＝81 000÷2 000＝40.50（元）

四、约当产量比例法

约当产量也称为在产品约当产量，是指将企业（车间）月末在产品的实际数量按照完工程度折算为相当于完工产品的产量，即约当产量。

约当产量比例法，是指按照本月完工产品的数量和月末在产品的约当产量分配生产费用，以确定本月完工产品和月末在产品实际成本的方法。

这种方法适用于各月末在产品数量较大，各月末在产品数量变化也较大，产品成本中原材料费用和人工及制造费用所占比重相差不大的产品。在这种情况下，月末在产品成本不能忽略不计，不能按固定数额确定，也不能只计算原材料费用，必须具体、全面地按成本项目进行计算。

1. 约当产量比例法的一般分配方法

（1）直接材料费用的分配。直接材料费用的分配有以下两种情况。

① 原材料于生产开始时一次投入。在产品生产开始时，一次性投入生产该产品所需的全部材料，则在产品和完工产品所耗材料数量相同，在产品的投料程度是100%，这样在产品的约当产量就等于在产品的实际产量，在分配原材料费用时，直接按完工产品和在产品数量比例进行分配。

月末在产品约当产量＝月末在产品实际数量×在产品投料率（100%）

② 原材料随着加工进度陆续投入。如果原材料在生产中陆续投入，或称为逐步投料，在产品的数量则需按其投料程度折算约当产量，在分配原材料费用时，应按约当产量在完工产品和在产品之间分配。

月末在产品约当产量＝月末在产品实际数量×在产品投料率

（2）人工和制造费用的分配。分配人工和制造费用等其他费用时，要按在产品完工程度计算约当产量，按约当产量在完工产品和在产品之间进行分配。因为月末在产品与完工产品所耗用的人工和制造费用等其他费用是不相等的，其发生的费用取决于其加工程度，在产品的约当产量应按完工程度折算，然后再进行分配。

月末在产品约当产量＝月末在产品数量×在产品完工程度（完工率）

按约当产量法的计算公式为

$$费用分配率=\frac{某项费用总额}{完工产品数量+在产品约当产量}$$

完工产品的某项费用金额＝完工产品数量×该项费用分配率

在产品的某项费用金额＝在产品约当产量×该项费用分配率

或：在产品的某项费用金额＝某项费用总金额－完工产品的某项费用金额

一次投料的举例说明如下。

【例 8-2-4】 康华公司基本生产车间生产甲产品，9 月份生产情况如下：月初在产品成本的直接材料成本为 8 000 元，直接人工 3 800 元，制造费用 2 250 元，本月发生原材料费用 70 482 元，生产工人工资 40 558 元，制造费用 25 000 元。本月完工产品 500 件，月末在产品 40 件，原材料在产品生产之初一次投入，在产品的加工程度为 50%。要求：计算本月完工产品总成本和单位成本（分配率保留两位小数）。

根据已知条件，求解过程如表 8-2-4 所示。

表 8-2-4　　产品成本计算单

（约当产量比例法——一次投料）

产品名称：甲产品　　20××年 9 月

摘要	直接材料	直接人工	制造费用	合计
月初在产品成本（元）	8 000	3 800	2 250	14 050
本月生产费用（元）	70 482	40 558	25 000	136 040
合计	78 482	44 358	27 250	150 090

续表

摘要	直接材料	直接人工	制造费用	合计
在产品实际数量（件）	40	40	40	
在产品完工程度	100%	50%	50%	
在产品约当产量（件）	40	20	20	
完工产品产量（件）	500	500	500	
分配率	145.34	85.30	52.40	
本月完工产品成本（元）	72 670	42 650	26 200	141 520
月末在产品成本（元）	5 812	1 708	1 050	8 570

甲产品完工产品单位成本＝141 520÷500＝283.04（元）

陆续投料的举例说明如下。

【例 8-2-5】 假若【例 8-2-4】中原材料在生产中是陆续投入的，其他资料完全相同。要求：计算本月完工产品总成本和单位成本（分配率保留两位小数）。

根据已知条件，求解过程如表 8-2-5 所示。

表 8-2-5　　产品成本计算单

（约当产量比例法—陆续投料）

产品名称：甲产品　　20××年 9 月

摘要	直接材料	直接人工	制造费用	合计
月初在产品成本（元）	8 000	3 800	2 250	14 050
本月生产费用（元）	70 482	40 558	25 000	136 040
合计（元）	78 482	44 358	27 250	150 090
在产品实际数量（件）	40	40	40	
在产品完工程度	50%	50%	50%	
在产品约当产量（件）	20	20	20	
完工产品产量（件）	500	500	500	
分配率	150.93	85.3	52.4	
本月完工产品成本（元）	75 465	42 650	26 200	144 315
月末在产品成本（元）	3 017	1 708	1 050	5 775

甲产品完工产品单位成本＝144 315÷500＝288.63（元）

用约当产量比例法的一般分配法分配完工产品成本和在产品的成本的计算相对而言较为简单，因而被许多企业所采用。但是该种分配方法忽视了企业各生产工序在产品数量和单位产品在各工序的加工量，如果各生产工序在产品的数量和单位产品在各生产工序的加工量相差悬殊，则该种分配方法的成本计算准确度不高。

2. 约当产量工序计算法

约当产量工序计算法的特点是根据各工序累计工时定额占完工产品工时定额数的比例，事先确定各工序在产品的完工程度。

约当产量工序计算法的计算公式如下。

（1）投料程度的确定（用以分配原材料费用的在产品约当产量的计算）。

① 每一道工序生产开始时一次投料。

$$某工序中产品投料程度=\frac{(前面各工序原材料消耗定额之和+本工序原材料消耗定额\times100\%)}{产品材料消耗定额总量}$$

上式中本工序原材料消耗定额乘以 100%，是因为该工序一开始原材料就一次性投入，因此该工序中投料程度按 100%计算。

② 每一道工序随加工进度陆续投料。

$$某工序在产品投料程度=\frac{(前面各工序原材料消耗定额之和+本工序原材料消耗定额\times50\%)}{产品材料消耗定额总量}$$

上式中本工序原材料消耗定额乘以 50%，是因为该工序中各件在产品的投料程度不同，为了简化计算，在本工序一律按投料 50%计算。而在产品从上一道工序转入下一道工序，前面的工序是已经完成了的，因此前面工序的投料程度按 100%计算。

（2）完工程度的确定（用以分配原材料费用以外的其他费用的在产品约当产量的计算）。

$$某工序在产品完工程度=\frac{(前面各工序工时定额之和+本工序工时定额\times50\%)}{产品工时定额}$$

上式中本工序工时定额乘以 50%，是因为该工序中各件在产品的完工程度不同，为了简化计算，在本工序一律按完工 50%计算。而在产品从上一道工序转入下一道工序，前面的工序是已经完成了的，因此前面工序的完工程度按 100%计算。

一次投料的举例说明如下。

【例 8-2-6】 康华公司基本生产车间生产甲产品，单位工时定额为 80 小时，经过三道工序制成，其各工序工时定额分别为 20 小时、42 小时、18 小时。各工序在产品数量为 25 件、40 件、15 件。月初在产品成本的直接材料成本为 8 000 元，直接人工 3 800 元，制造费用 2 250 元，本月发生原材料费用 70 482 元，生产工人工资 40 558 元，制造费用 25 000 元。本月完工产品 500 件，原材料在产品生产之初一次投入。要求：计算本月完工产品总成本和单位成本（分配率和完工程度保留两位小数，约当产量保留一位小数）。

根据上述资料，编制在产品约当产量计算表，如表 8-2-6 所示。

表 8-2-6　　在产品约当产量计算表

产品名称：甲产品

在产品所在工序	工时定额（小时）	完工程度（%）	在产品数量		完工产品产量（件）	产量合计（件）
			结存数量（件）	约当产量（件）		
第一道工序	20	13	25	3.3		
第二道工序	42	51	40	20.4		
第三道工序	18	89	15	13.4		
合计	80		80	37.1	500	537.1

根据已知条件，求解过程如表 8-2-7 所示。

表 8-2-7 产品成本计算单

（约当产量工序计算法——一次投料）

产品名称：甲产品 20××年 9 月

摘要	直接材料	直接人工	制造费用	合计
月初在产品成本（元）	8 000	3 800	2 250	14 050
本月生产费用（元）	70 482	40 558	25 000	136 040
合计（元）	78 482	44 358	27 250	150 090
在产品约当产量（件）	80	37.1	37.1	
完工产品产量（件）	500	500	500	
分配率	135.31	82.59	50.74	
本月完工产品成本（元）	67 655	41 295	25 370	134 320
月末在产品成本（元）	10 827	3 063	1 880	15 770

甲产品完工产品单位成本＝134 320÷500＝268.64（元）

陆续投料的举例说明如下。

（1）原材料随加工进度陆续投入，但在每一道工序生产开始时一次投料。

【例 8-2-7】 假若【例 8-2-6】中原材料随加工进度陆续投入，但在每一道工序生产开始时一次投料，甲产品三道工序材料定额分别为 100 千克、80 千克、50 千克，其他资料相同。要求：计算本月完工产品总成本和单位成本（分配率、投料程度和完工程度保留两位小数，约当产量保留一位小数）。

根据上述资料，编制在产品约当产量计算表，如表 8-2-8 所示。

表 8-2-8 在产品约当产量计算表

约当产量工序计算法—每道工序生产开始时一次投料

产品名称：甲产品

在产品所在工序	结存数量（件）	分配原材料			分配人工和制造费用		
		材料定额（千克）	投料程度（%）	约当产量（件）	工时定额（小时）	完工程度（%）	约当产量（件）
第一道工序	25	100	43	10.8	20	13	3.3
第二道工序	40	80	78	31.2	42	51	20.4
第三道工序	15	50	100	15	18	89	13.4
合计	80	230		57	80		37.1

根据已知条件，求解过程如表 8-2-9 所示。

表 8-2-9 产品成本计算单

（约当产量工序计算法—每道工序生产开始时一次投料）

产品名称：甲产品 20××年 9 月

摘要	直接材料	直接人工	制造费用	合计
月初在产品成本（元）	8 000	3 800	2 250	14 050
本月生产费用（元）	70 482	40 558	25 000	136 040
合计（元）	78 482	44 358	27 250	150 090

续表

摘要	直接材料	直接人工	制造费用	合计
在产品约当产量（件）	57	37.1	37.1	
完工产品产量（件）	500	500	500	
分配率	140.9	82.59	50.74	
本月完工产品成本（元）	70 450	41 295	25 370	137 115
月末在产品成本（元）	8 032	3 063	1 880	12 975

其中，直接材料按投料程度确定的约当产量进行分配，直接人工和制造费用按完工程度确定的约当产量进行分配。

甲产品完工产品单位成本＝137 115÷500＝274.23（元）

（2）原材料随加工进度陆续投入，在每一道工序也是随加工进度陆续投入。

【例 8-2-8】 假若【例 8-2-6】中原材料随加工进度陆续投入，但在每一道工序也是随加工进度陆续投入，甲产品三道工序材料定额分别为 100 千克、80 千克、50 千克，其他资料相同。要求：计算本月完工产品总成本和单位成本（分配率、投料程度和完工程度保留两位小数，约当产量保留一位小数）。

根据上述资料，编制在产品约当产量计算表，如表 8-2-10 所示。

表 8-2-10　　在产品约当产量计算表

（约当产量工序计算法—每道工序陆续投料）

产品名称：甲产品

在产品所在工序	结存数量（件）	分配原材料			分配人工和制造费用		
		材料定额（千克）	投料程度（%）	约当产量（件）	工时定额（小时）	完工程度（%）	约当产量（件）
第一道工序	25	100	22	5.5	20	13	3.3
第二道工序	40	80	61	24.4	42	51	20.4
第三道工序	15	50	89	13.4	18	89	13.4
合计	80	230		43.3	80		37.1

根据已知条件，求解过程如表 8-2-11 所示。

表 8-2-11　　产品成本计算单

（约当产量工序计算法—每道工序陆续投料）

产品名称：甲产品　　20××年 9 月

摘要	直接材料	直接人工	制造费用	合计
月初在产品成本（元）	8 000	3 800	2 250	14 050
本月生产费用（元）	70 482	40 558	25 000	136 040
合计（元）	78 482	44 358	27 250	150 090
在产品约当产量（件）	43.3	37.1	37.1	
完工产品产量（件）	500	500	500	
分配率	144.45	82.59	50.74	
本月完工产品成本（元）	72 225	41 295	25 370	138 890
月末在产品成本（元）	6 257	3 063	1 880	11 200

其中，直接材料按投料程度确定的约当产量进行分配，直接人工和制造费用按完工程度确定的约当产量进行分配。

甲产品完工产品单位成本＝138 890÷500＝277.78（元）

五、在产品按完工产品成本计算法

在产品按完工产品成本计算法是指将在产品视同完工产品与正式完工产品一起按照两者的数量比例分配材料费用和各项人工等加工费用。

这种方法适用于月末在产品已经接近完工，或者产品已经加工完毕，但尚未验收或包装入库的产品。为了简化核算工作，将月末在产品视同完工产品分配费用。

【例 8-2-9】 康华公司基本生产车间生产甲产品，9 月生产情况如下：月初在产品费用和本月发生费用累计数为，原材料费用 50 000 元，工资费用 30 000 元，制造费用 6 000 元；完工产品 800 件，月末在产品 200 件，该产品已接近完工。要求：计算本月完工产品总成本和单位成本。

根据已知条件，求解过程如表 8-2-12 所示。

表 8-2-12　　产品成本计算单

产品名称：甲产品　　20××年 9 月

摘要	直接材料	直接人工	制造费用	合计
本月生产费用合计（元）	50 000	30 000	6 000	86 000
完工产品数量（件）	800	800	800	
月末在产品数量（件）	200	200	200	
分配率	50	30	6	
本月完工产品成本（元）	40 000	24 000	4 800	68 800
月末在产品成本（元）	10 000	6 000	1 200	17 200

甲产品完工产品单位成本＝68 800÷800＝86（元）

六、在产品按定额成本计价法

在产品按定额成本计价法是指根据月末在产品数量和单位定额成本计算出月末在产品的定额成本，并以该定额成本作为月末在产品的实际成本对月末在产品进行计价，然后从本月该种产品的全部生产费用（如果有月初在产品，包括月初在产品成本）中扣除，以求得完工产品成本的一种方法。每月生产费用脱离定额的差异（节约或超支）都计入当月完工产品成本。分配等式如下。

月末在产品成本＝月末在产品数量×在产品单位定额成本

本月完工产品成本＝（月初在产品成本＋本月生产费用）－月末在产品成本

这种方法适用于定额管理基础较好，各项消耗定额或费用定额比较准确、稳定，而且各月末在产品数量变动不大的产品。在采用这种分配方法时，如果产品成本中原材料费用所占比重较大，或者原材料费用与人工费用之和所占比重较大，为了进一步简化成本核算工作，月末在产品成本也可以只按定额原材料费用，或者定额原材料费用与定额工资费用之和计算。

【例 8-2-10】 康华公司基本生产车间生产甲产品，9 月生产情况如下：月初在产品和本月生产费用累计为：直接材料 306 000 元，直接人工 48 240 元，制造费用 26 900 元，合计 381 140 元；本月完工产品共 500 件，月末在产品 20 件，原材料在产品生产开始时一次投入。单位产品材料费用定额为 50 元，单位在产品定额工时为 8 小时，每小时费用定额为人工 3 元、制造费用 2 元。要求：在产品按定额成本计价法，计算本月完工产品总成本和单位成本。

根据已知条件，求解过程如表 8-2-13 所示。

表 8-2-13　　　　产品成本计算单

产品名称：甲产品　　　　20××年 9 月

摘要	直接材料	直接人工	制造费用	合计
本月生产费用合计（元）	306 000	48 240	26 900	381 140
完工产品数量（件）	500	500	500	
月末在产品数量（件）	20	20	20	
月末在产品定额成本（元）	1 000	480	320	1 800
本月完工产品成本（元）	305 000	47 760	26 580	379 340
月末在产品成本（元）	1 000	480	320	1 800

甲产品完工产品单位成本＝379 340÷500＝758.68（元）

七、定额比例法

定额比例法是指将产品的生产费用按完工产品与月末在产品的定额消耗量或定额费用比例，分配计算完工产品成本和月末在产品成本的一种方法。其中，材料成本项目可按材料定额消耗量比例进行分配，人工等加工费用项目可按定额工时比例进行分配。

这种方法适用于定额管理基础较好，各项消耗定额或费用定额比较准确、稳定，而且各月末在产品数量变动较大的产品。

定额比例法的计算公式如下。

$$材料费用分配率=\frac{月初在产品材料费用+本月发生材料费用}{完工产品定额材料费用+月末在产品定额材料费用}$$

$$完工产品的材料费用=完工产品定额材料费用\times 分配率$$

$$在产品应的材料费用=月末在产品定额材料费用\times 分配率$$

$$人工等加工费用分配率=\frac{月初在产品人工等加工费用+本月发生人工等加工费用}{完工产品定额工时+月末在产品定额工时}$$

$$完工产品的人工等加工费用=完工产品定额工时\times 分配率$$

$$在产品的人工等加工费用=月末在产品定额工时\times 分配率$$

【例 8-2-11】 康华公司基本生产车间生产甲产品，9 月生产情况如下：月初在产品成本的直接材料成本为 6 000 元，直接人工 3 200 元，制造费用 1 800 元。本月发生费用为，直接材料 100 000 元，直接人工 22 000 元，制造费用 2 500 元，本月完工产品共 1 200 件，月末在产品计 80 件。单位完工产品材料费用定额为 55 元，单位完工产品工时定额为 20 小时；单位在产品材料费用定额为 42 元，单位在产品定额工时为 8 小时。要求：采用定额比例法，计算出完工产品成本和单位成本（分配率保留两位小数）。

根据已知条件，求解过程如表 8-2-14 所示。

表 8-2-14　　产品成本计算单

产品名称：甲产品　　20××年 9 月

摘要	直接材料	直接人工	制造费用	合计
月初在产品成本（元）	6 000	3 200	1 800	11 000
本月生产费用（元）	100 000	22 000	2 500	124 500
合计（元）	106 000	25 200	4 300	135 500
月末在产品数量（件）	80	80	80	
月末完工产品数量（件）	1 200	1 200	1 200	
在产品定额（元）	3 360	640	640	
完工产品定额（元）	66 000	24 000	24 000	
分配率	1.53	1.02	0.17	
本月完工产品成本（元）	100 980	24 480	4 080	129 540
月末在产品成本（元）	5 020	720	220	5 960

甲产品完工产品单位成本＝129 540÷1 200＝107.95（元）

按定额比例法计算完工产品成本和月末在产品成本的优点是：以产品的定额消耗量为分配标准，有利于分析和考核各项消耗定额的执行情况，同时避免了按定额成本计算在产品成本不负担实际成本脱离定额成本差异的缺陷。缺点是：如果在产品的种类和生产工序繁多，这种方法的计算工作就相当繁重，如果消耗定额不稳定，经常修订调整消耗定额，就必然会加大成本核算的工作量。

8.3 完工产品成本的结转

企业生产产品发生的各项生产费用，在各种产品之间以及同种产品的完工产品与月末在产品之间进行了分配，可以计算出各种完工产品的实际总成本和单位成本。完工的产品经验收合格后入库，其成本应从“基本生产成本”账户及所属“生产成本”明细账的贷方转入“库存商品”账户的借方。月末，“基本生产成本”账户若有余额，说明基本生产车间有尚未加工完成的各种在产品，余额的值即为在产品的成本，月末编制资产负债表时应列入“存货”项目。

【例 8-3-1】 康华公司基本生产车间生产甲产品，9 月生产情况如下：本月完工产品共 1 200 件，月末在产品计 80 件。通过【例 8-2-11】的计算，完工产品总成本为 129 540 元，月末在产品总成本为 5 960 元。完工产品已验收入库。要求：编制完工产品成本汇总表，结转完工产品的成本（小数点保留两位）。

（1）编制完工产品成本汇总表，如表 8-3-1 所示。

表 8-3-1　　产品成本汇总表

产品名称：甲产品　　20××年 9 月 30 日　　单位：元

摘要	单位	数量	直接材料	直接人工	制造费用	合计	单位成本
完工产品	件	1 200	100 980	24 480	4 080	129 540	107.95
合计		1 200	100 980	24 480	4 080	129 540	107.95

（2）结转完工产品成本，编制会计分录如下。

借：库存商品—甲产品　　129 540

　　贷：基本生产成本—甲产品　　129 540

（3）结转本月“基本生产成本”明细账，如表 8-3-2 所示。

表 8-3-2　“基本生产成本”明细账

产品名称：甲产品

20××年		摘要	借方	成本项目		
月	日			直接材料	直接人工	制造费用
9	1	月初在产品成本	11 000	6 000	3 200	1 800
9	30	本月生产费用	124 500	100 000	22 000	2 500
9	30	合计	135 500	106 000	25 200	4 300
9	30	结转本月完工产品成本	-129 540	-100 980	-24 480	-4 080
9	30	月末在产品成本	5 960	5 020	720	220

模块三

产品成本核算

模块二已经对制造型企业生产过程中发生的各项费用进行了归集和分配，但成本核算和成本管理的基本目标是要计算各产品的总成本和单位成本，因此，还需要选取一定的方法对成本进行计算。本模块主要讲授产品成本核算的具体方法，将详细介绍四部分内容：一是产品成本核算的基本方法——品种法；二是产品成本核算的基本方法——分批法；三是产品成本核算的基本方法——分步法；四是产品成本核算的辅助方法。

项目九 产品成本核算的基本方法——品种法

知识目标：

- ✧ 了解品种法的含义
- ✧ 理解品种法的特点及适用范围
- ✧ 掌握品种法的成本核算程序

技能目标：

- ✧ 能够正确判断品种法适用的企业类型
- ✧ 能够熟练运用品种法准确核算产品成本

项目导言：

品种法是以产品品种作为成本核算对象来归集生产费用、核算产品成本的一种方法。由于品种法不需要按批别核算成本，也不需要按生产步骤来计算半成品成本，因而这种成本核算方法比较简单，在实际工作中应用最为广泛。本项目将通过列举典型案例来讲解品种法的成本核算过程。

9.1 品种法概述

一、品种法的含义

品种法是指以产品品种为成本核算对象，归集生产费用，核算出各种产品的实际总成本和单位成本的一种方法。不论什么样的制造型企业，不论什么样的生产类型，也不论管理要求如何，最终都必须按产品品种核算产品成本。因此，按产品品种核算成本是产品成本核算最基本的要求，品种法是其他所有成本核算方法的基础。

二、品种法的适用范围

品种法适用于大量、大批、单步骤生产企业或者大量、大批、多步骤生产但管理上不要求分步核算成本的企业，具体如下。

（1）适用于大量、大批、单步骤生产企业。大量、大批生产决定了其不断地重复生产相同品种的产品，没有必要划分为小批次组织生产；单步骤生产决定了其工艺过程是不能间断的，客观上无法分步，没有中间产出品。因此，大量、大批、单步骤生产企业，如采煤、化工、发电和供水等企业，适宜采用品种法核算产品成本。

（2）适用于大量、大批、多步骤生产，自制半成品不出售，而且管理上也不要求分步骤核算产品成本的企业。这类企业的特点是：规模较小，或者车间是封闭式的，从原材料投入到产品完工都在一个车间进行，或者生产过程可以间断，但各步骤的半成品都供本企业继续加工，直到产品加工完成为止，或者生产是按流水线组织的，但在管理上都不要求分步骤核算半成品成本，如糖果、饼干、小型水泥厂、造纸厂和砖瓦厂等企业。

（3）适用于为基本生产车间提供工具、模具及劳务的辅助生产车间。如供水、供电、供汽、模具等辅助生产车间。

三、品种法的特点

1. 以产品品种作为成本核算对象

品种法下产品的生产费用是按产品的品种归集的，成本核算对象为产品品种。如果只生产一种产品，则以该产品设置“生产成本”明细账。企业所发生的生产费用都是直接费用，可根据有关费用分配表直接计入该产品“生产成本”明细账的有关项目。如果生产几种产品，则分别以每种产品设置“生产成本”明细账，凡是直接发生的费用可直接计入该产品“生产成本”明细账中。凡是几种产品共同发生的费用，则根据有关比例分配以后计入各产品“生产成本”明细账中。

2. 按月定期计算产品成本，成本计算期与会计报告期相一致，与产品生产周期不一致

品种法适用于大量、大批、单步骤生产，以及不需要分步骤计算产品成本的大量、大批、多

步骤生产的产品的成本核算。由于大量、大批生产的企业，其生产是连续不断地进行的，不可能在产品全部制造完成后计算成本，为了按月计算损益，产品成本是定期按月计算的，与会计期间一致，与产品生产周期不一致。

3. 月末，生产费用一般需在完工产品和月末在产品之间进行分配

（1）不计算在产品成本：在单步骤生产企业中，一般月末没有在产品，或很少有在产品，在产品成本计算与否对产品成本影响不大，所以不存在完工产品和月末在产品之间的费用分配问题。这样，在各月产品“生产成本”明细账中归集的全部生产费用，就是各完工产品的总成本。

（2）月末计算在产品成本：在大量、大批、多步骤生产，自制半成品不出售，而且管理上也不要求分步骤计算产品成本的企业，月末一般都有在产品，而且数量较多，这就需要归集生产费用，选择适当的方法，在完工产品和在产品之间分配生产费用，以确定完工产品和在产品的生产成本。

四、品种法的成本核算程序

按产品的品种核算成本，是成本管理对各种成本核算方法最一般的要求，因此，成本核算的一般程序也就是品种法的成本核算程序。品种法的成本核算程序如下。

1. 开设“生产成本”明细账和产品成本计算单

按照产品品种开设“生产成本”明细账和产品成本计算单，并按成本项目开设专栏。

2. 编制各种要素费用分配表

各生产单位应根据生产过程中发生的各项费用的原始凭证和相关资料，编制各种费用分配表，如材料费用分配表、外购动力费用分配表、人工费用分配表和折旧计算表等。

3. 编制记账凭证并登记相关的明细账

根据各种费用分配表及其他相关资料，编制相应的记账凭证（会计分录），并按照记账凭证及相关资料登记“生产成本”明细账、“辅助生产成本”明细账、“制造费用”明细账和“管理费用”明细账等。

4. 分配辅助生产费用

月末，根据“辅助生产成本”明细账所归集的本月发生的全部费用，编制辅助生产费用分配表，采用适当的分配方法在各受益对象间进行费用分配，并登记相关明细账。

5. 分配制造费用

月末，根据“制造费用”明细账所归集的本月全部费用，编制制造费用分配表，采用适当的分配方法，在各种产品间进行分配，并据以登记产品成本计算单。

6. 结转废品损失

如果企业在生产过程中产生了废品，还需将废品净损失从“废品损失”明细账中转入产品成本计算单。

7. 计算完工产品成本

月末，将产品成本计算单所归集的全部费用，采用适当的方法在完工产品和月末在产品之间分配，计算出本月完工产品总成本和单位成本，以及月末在产品成本。

品种法的成本核算程序如图 9-1-1 所示。

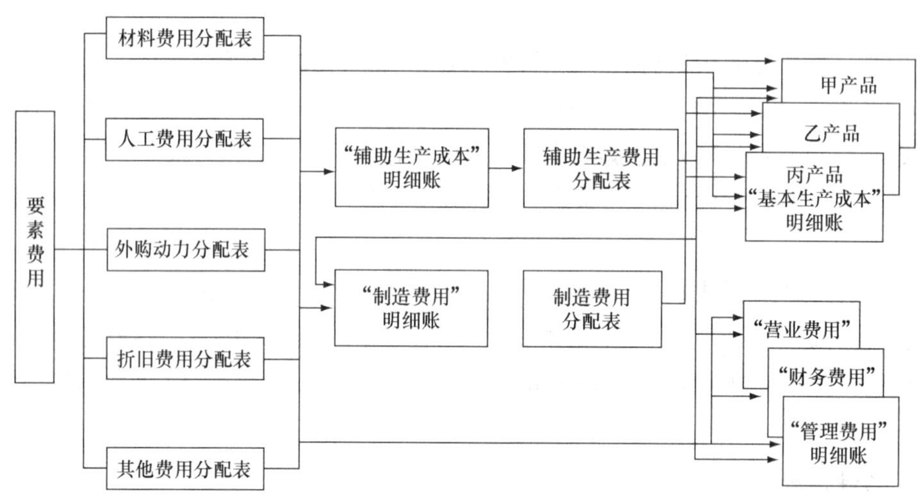

图 9-1-1　品种法的成本核算程序示意图

9.2　品种法核算实例

【例 9-2-1】 新威公司设有一个基本生产车间和一个辅助生产车间。基本生产车间大量、大批生产甲、乙两种产品；辅助生产车间（运输车间）为基本生产车间和管理部门提供服务，不单独设置“制造费用”账户，所发生费用均计入“辅助生产成本”账户。产品“生产成本”明细账分别设置“直接材料”“直接人工”和“制造费用”三个成本项目。该公司 20××年 7 月有关资料如下。

（1）产量资料，如表 9-2-1 所示。

表 9-2-1　　产量资料

单位：件

产品名称	月初在产品	本月投产	本月完工产品	月末在产品
甲	1 020	7 800	7 905	915
乙	580	3 720	3 987	313

（2）月初在产品成本资料，如表 9-2-2 所示。

表 9-2-2　　月初在产品成本

单位：元

产品名称	直接材料	直接人工	制造费用	合计
甲	10 880	17 330	8 630	36 840
乙	8 700	6 224	4 060	18 984

（3）该月发生生产费用资料如下。

① 材料费用：生产甲产品耗用材料 90 200 元，生产乙产品耗用材料 50 000 元，生产甲、乙产品共同耗用材料 90 000 元（甲产品材料定额耗用量为 3 500 千克，乙产品材料定额耗用量为 1 500 千克）。基本生产车间耗用消耗性材料 5 500 元，运输车间耗用材料 5 000 元。

② 人工费用：生产工人工资 180 600 元，基本生产车间管理人员工资 20 800 元，运输车间人员工资 18 900 元，厂部管理部门人员工资 35 000 元。

③ 其他费用：基本生产车间厂房、机械设备折旧费为 6 400 元，水电费为 2 260 元，办公费为 1 386 元；运输车间固定资产折旧费为 3 400 元，水电费为 1 170 元，办公费为 1 400 元；厂部折旧费为 2 800 元，水电费为 1 200 元，办公费为 3 300 元。水电费和办公费均由银行存款支付。

④ 工时记录：甲产品耗用实际工时为 3 800 小时，乙产品耗用实际工时为 2 200 小时。

⑤ 本月运输车间共完成 5 100 千米的运输工作量，其中：基本生产车间为 4 000 千米，企业管理部门为 1 100 千米。

（4）该公司有关费用的分配方法如下（所有分配率均保留两位小数）。

① 根据生产特点和管理要求，按品种法核算产品成本，进行账务处理，登记“基本生产成本”明细账。

② 甲、乙产品共同耗用材料按定额耗用量比例分配。

③ 生产工人工资按甲、乙产品工时比例分配。

④ 辅助生产费用按运输千米比例分配。

⑤ 制造费用按甲、乙产品工时比例分配。

⑥ 按约当产量比例法分配计算甲、乙完工产品成本和月末在产品成本。甲产品耗用的材料随加工程度陆续投入，月末在产品完工程度为 50%；乙产品耗用的材料于生产开始时一次投入，月末在产品完工程度为 40%。约当产量计算保留一位小数。

【解析】新威公司产品生产成本核算程序如下。

第 1 步：材料费用的归集和分配。

（1）根据资料中的材料消耗定额编制材料费用分配表，如表 9-2-3 所示。

表 9-2-3　　　　材料费用分配表

20××年 7 月 31 日

应借账户		直接计入	分配计入			合计（元）
			分配标准（千克）	分配率	分配金额（元）	
基本生产成本	甲产品	90 200	3 500	18.00	63 000	153 200
	乙产品	50 000	1 500		27 000	77 000
	小计	140 200	5 000		90 000	230 200
制造费用		5 500				5 500
辅助生产成本		5 000				5 000
合计		150 700			90 000	240 700

（2）根据材料费用分配表编制转账凭证，如表 9-2-4 所示。

表 9-2-4　　转账凭证

20××年 7 月 31 日　　转字第 1 号

摘要	总账科目	明细科目	借方金额	贷方金额	记账符号
分配材料费用	基本生产成本	甲产品	153 200		
		乙产品	77 000		
	制造费用	物料消耗	5 500		
	辅助生产成本	材料	5 000		
	原材料			240 700	
合计			¥240 700	¥240 700	

会计主管：　复核：　记账：　审核：×××　制单：×××

第 2 步：人工费用的归集和分配。

（1）根据资料中的生产工时编制工资费用分配表，如表 9-2-5 所示。

表 9-2-5　　工资费用分配表

20××年 7 月 31 日

应借账户		直接计入	分配计入			合计（元）
			分配标准（小时）	分配率	分配金额（元）	
基本生产成本	甲产品		3 800	30.10	114 380	114 380
	乙产品		2 200		66 220	66 220
	小计		6 000		180 600	180 600
制造费用		20 800				20 800
辅助生产成本		18 900				18 900
管理费用		35 000				35 000
合计		74 700			180 600	255 300

（2）根据工资费用分配表编制转账凭证，如表 9-2-6 所示。

表 9-2-6　　转账凭证

20××年 7 月 31 日　　转字第 2 号

摘要	总账科目	明细科目	借方金额	贷方金额	记账符号
分配工资	基本生产成本	甲产品	114 380		
		乙产品	66 220		
	制造费用	工资	20 800		
	辅助生产成本	工资	18 900		
	管理费用	工资	35 000		
	应付职工薪酬	工资		255 300	
合计			¥255 300	¥255 300	

会计主管：　复核：　记账：　审核：×××　制单：×××

第 3 步：折旧费用的归集和分配。

（1）编制折旧费用分配表，如表 9-2-7 所示。

表 9-2-7　　固定资产折旧费用分配表

20××年 7 月 31 日　　单位：元

应借账户	金额
制造费用	6 400
辅助生产成本	3 400
管理费用	2 800
合计	12 600

（2）根据折旧费用分配表编制转账凭证，如表 9-2-8 所示。

表 9-2-8　　转账凭证

20××年 7 月 31 日　　转字第 3 号

摘要	总账科目	明细科目	借方金额	贷方金额	记账符号
计提折旧	制造费用	折旧费	6 400		
	辅助生产成本	折旧费	3 400		
	管理费用	折旧费	2 800		
	累计折旧			12 600	
合计			¥12 600	¥12 600	

会计主管：　　复核：　　记账：　　审核：×××　　制单：×××

第 4 步：其他费用的归集和分配。

（1）编制其他费用分配表，如表 9-2-9 所示。

表 9-2-9　　其他费用分配表

20××年 7 月 31 日　　单位：元

应借账户	直接计入	
	水电费	办公费
制造费用	2 260	1 386
辅助生产成本	1 170	1 400
管理费用	1 200	3 300
合计	4 630	6 086

（2）根据其他费用分配表编制付款凭证，如表 9-2-10 所示。

表 9-2-10　　付款凭证

贷方科目：银行存款　　20××年 7 月 31 日　　付字第 1 号

摘要	总账科目	明细科目	借或贷	借方金额	记账符号
分配其他费用	制造费用	水电费	借	2 260	
		办公费	借	1 386	
	辅助生产成本	水电费	借	1 170	
		办公费	借	1 400	
	管理费用	水电费	借	1 200	
		办公费	借	3 300	
合计				¥10 716	

会计主管：　　复核：　　记账：　　审核：×××　　制单：×××

第 5 步：辅助生产费用的归集和分配。

（1）归集辅助生产费用。月末，会计部门将各部门本月发生的生产和管理费用归集分配完成后，汇总登记“辅助生产成本”明细账，如表 9-2-11 所示。

表 9-2-11 “辅助生产成本”明细账

车间名称：运输车间

产品（劳务）：运输

20××年		凭证号数		摘要	借方	原材料	工资	折旧	水电费	办公费
月	日	字	号							
7	31	转	1	分配材料	5 000	5 000				
7	31	转	2	分配工资	18 900		18 900			
7	31	转	3	分配折旧费	3 400			3 400		
7	31	付	1	分配水电费	1 170				1 170	
7	31	付	1	分配办公费	1 400					1 400

（2）分配辅助生产费用，如表 9-2-12 所示。

表 9-2-12 辅助生产费用分配表

20××年 7 月 31 日

应借账户	分配标准（千米）	分配率	分配金额（元）
制造费用	4 000	5.86	23 440
管理费用	1 100		6 430
合计	5 100		29 870

（3）根据辅助生产费用分配表编制转账凭证，如表 9-2-13 所示。

表 9-2-13 转账凭证

20××年 7 月 31 日 转字第 4 号

摘要	总账科目	明细科目	借方金额	贷方金额	记账符号
分配辅助生产费用	制造费用	运费	23 440		
	管理费用	运费	6 430		
	辅助生产成本			29 870	
合计			¥29 870	¥29 870	

会计主管： 复核： 记账： 审核：××× 制单：×××

（4）分配后，继续登记“辅助生产成本”明细账，如表 9-2-14 所示。

表 9-2-14　　“辅助生产成本”明细账

车间名称：运输车间

产品（劳务）：运输

20××年		凭证号数		摘要	借方	原材料	工资	折旧	水电费	办公费
月	日	字	号							
7	31	转	1	分配材料费	5 000	5 000				
7	31	转	2	分配工资	18 900		18 900			
7	31	转	3	分配折旧费	3 400			3 400		
7	31	付	1	分配水电费	1 170				1 170	
7	31	付	1	分配办公费	1 400					1 400
7	31	转	4	分配运费	−29 870					
合计					0					

第 6 步：制造费用的归集和分配。

（1）归集制造费用，汇总登记“制造费用”明细账，如表 9-2-15 所示。

表 9-2-15　　“制造费用”明细账

车间名称：基本生产车间

20××年		凭证号数		摘要	借方	原材料	工资	折旧	水电费	办公费	运费
月	日	字	号								
7	31	转	1	分配材料费	5 500	5 500					
7	31	转	2	分配工资	20 800		20 800				
7	31	转	3	分配折旧费	6 400			6 400			
7	31	付	1	分配水电费	2 260				2 260		
7	31	付	1	分配办公费	1 386					1 386	
7	31	转	4	分配运费	23 440						23 440

（2）分配制造费用，如表 9-2-16 所示。

表 9-2-16　　制造费用分配表

20××年 7 月 31 日

应借账户		分配标准（小时）	分配率	分配金额（元）
基本生产成本	甲产品	3 800	9.96	37 848
	乙产品	2 200		21 938
合计		6 000		59 786

（3）根据制造费用分配表编制转账凭证，如表 9-2-17 所示。

表 9-2-17　　转账凭证

20××年 7 月 31 日　　转字第 5 号

摘要	总账科目	明细科目	借方金额	贷方金额	记账符号
分配制造费用	基本生产成本	甲产品	37 848		
		乙产品	21 938		
	制造费用			59 786	
合计			¥59 786	¥59 786	

会计主管：　　复核：　　记账：　　审核：×××　　制单：×××

（4）分配后，继续登记“制造费用”明细账，如表 9-2-18 所示。

表 9-2-18　　“制造费用”明细账

车间名称：基本生产车间

20××年		凭证号数		摘要	借方	原材料	工资	折旧	水电费	办公费	运费
月	日	字	号								
7	31	转	1	分配材料费	5 500	5 500					
7	31	转	2	分配工资	20 800		20 800				
7	31	转	3	分配折旧费	6 400			6 400			
7	31	付	1	分配水电费	2 260				2 260		
7	31	付	1	分配办公费	1 386					1 386	
7	31	转	4	分配运费	23 440						23 440
7	31	转	5	分配制造费用	−59 786						
合计					0						

第 7 步：生产费用的归集和分配。

（1）归集生产成本，按产品品种分别登记“基本生产成本”明细账。

① 甲产品“基本生产成本”明细账如表 9-2-19 所示。

表 9-2-19　　“基本生产成本”明细账

产品名称：甲产品

20××年		凭证号数		摘要	借方	成本项目		
月	日	字	号			直接材料	直接人工	制造费用
7	1			期初余额	36 840	10 880	17 330	8 630
7	31	转	1	分配材料费	153 200	153 200		
7	31	转	2	分配工资	114 380		114 380	
7	31	转	5	分配制造费用	37 848			37 848
7	31			本月生产费用合计	305 428	153 200	114 380	37 848
7	31			本月生产费用累计	342 268	164 080	131 710	46 478

② 乙产品“基本生产成本”明细账如表 9-2-20 所示。

表 9-2-20　　“基本生产成本”明细账

产品名称：乙产品

20××年		凭证号数		摘要	借方	成本项目		
月	日	字	号			直接材料	直接人工	制造费用
7	1			期初余额	18 984	8 700	6 224	4 060
7	31	转	1	分配材料费	77 000	77 000		
7	31	转	2	分配工资	66 220		66 220	
7	31	转	5	分配制造费用	21 938			21 938
7	31			本月生产费用合计	165 158	77 000	66 220	21 938
7	31			本月生产费用累计	184 142	85 700	72 444	25 998

（2）分配生产费用。

① 甲产品完工产品成本和在产品成本计算如表 9-2-21 所示。

表 9-2-21　　完工产品成本和在产品成本计算

完工产品：7 905 件　　投料方式：逐步投料

在产品：915 件　　在产品完工程度：50%

摘要	成本项目			
	直接材料	直接人工	制造费用	合计
月初在产品成本（元）	10 880	17 330	8 630	36 840
本月发生生产费用（元）	153 200	114 380	37 848	305 428
合计（元）	164 080	131 710	46 478	342 268
在产品约当产量（件）	457.5	457.5	457.5	
完工产品产量（件）	7 905	7 905	7 905	
在产品＋完工产品（件）	8 362.5	8 362.5	8 362.5	
分配率	19.62	15.75	5.56	
本月完工产品成本（元）	155 096.1	124 503.75	43 951.8	323 551.65
月末在产品成本（元）	8 983.9	7 206.25	2 526.2	18 716.35

② 乙产品完工产品成本和在产品成本计算如表 9-2-22 所示。

表 9-2-22　　完工产品成本和在产品成本计算

完工产品：3 987 件　　投料方式：一次投料

在产品：313 件　　在产品完工程度：40%

摘要	成本项目			
	直接材料	直接人工	制造费用	合计
月初在产品成本（元）	8 700	6 224	4 060	18 984
本月发生生产费用（元）	77 000	66 220	21 938	165 158

续表

摘要	成本项目			
	直接材料	直接人工	制造费用	合计
合计（元）	85 700	72 444	25 998	184 142
在产品约当产量（件）	313	125.2	125.2	
完工产品产量（件）	3 987	3 987	3 987	
在产品+完工产品（件）	4 300	4 112.2	4 112.2	
分配率	19.93	17.62	6.32	
本月完工产品成本（元）	79 460.91	70 250.94	25 197.84	174 909.69
月末在产品成本（元）	6 239.09	2 193.06	800.16	9 232.31

（3）编制完工产品成本汇总表，如表 9-2-23 所示。

表 9-2-23　完工产品成本汇总表

产品名称	成本	产量（件）	直接材料（元）	直接人工（元）	制造费用（元）	合计（元）
甲产品	总成本	7 905	155 096.10	124 503.75	43 951.80	323 551.65
	单位成本		19.62	15.75	5.56	40.93
乙产品	总成本	3 987	79 460.91	70 250.94	25 197.84	174 909.69
	单位成本		19.93	17.62	6.32	43.87

（4）结转完工产品成本，根据产品成本汇总表编制转账凭证，如表 9-2-24 所示。

表 9-2-24　转账凭证

20××年 7 月 31 日　　转字第 6 号

摘要	总账科目	明细科目	借方金额	贷方金额	记账符号
结转完工产品成本	库存商品	甲产品	323 551.65		
		乙产品	174 909.69		
	基本生产成本	甲产品		323 551.65	
		乙产品		174 909.69	
合计			¥498 461.34	¥498 461.34	

会计主管：　复核：　记账：　审核：×××　制单：×××

（5）继续登记“基本生产成本”明细账。

① 甲产品“基本生产成本”明细账如表 9-2-25 所示。

表 9-2-25　“基本生产成本”明细账

产品名称：甲产品

20××年		凭证号数		摘要	借方	成本项目		
月	日	字	号			直接材料	直接人工	制造费用
7	1			期初余额	36 840	10 880	17 330	8 630
7	31	转	1	分配材料费	153 200	153 200		
7	31	转	2	分配工资	114 380		114 380	

续表

20××年		凭证号数		摘要	借方	成本项目		
月	日	字	号			直接材料	直接人工	制造费用
7	31	转	5	分配制造费用	37 848			37 848
7	31			本月生产费用合计	305 428	153 200	114 380	37 848
7	31			本月生产费用累计	342 268	164 080	131 710	46 478
7	31	转	6	结转完工产品成本	−323 551.65	−155 096.10	−124 503.75	−43 951.80
7	31			月末在产品成本	18 716.35	8 983.90	7 206.25	2 526.20

② 乙产品"基本生产成本"明细账如表 9-2-26 所示。

表 9-2-26 "基本生产成本"明细账

产品名称：乙产品

20××年		凭证号数		摘要	借方	成本项目		
月	日	字	号			直接材料	直接人工	制造费用
7	1			期初余额	18 984	8 700	6 224	4 060
7	31	转	1	分配材料费	77 000	77 000		
7	31	转	2	分配工资	66 220		66 220	
7	31	转	5	分配制造费用	21 938			21 938
7	31			本月生产费用合计	165 158	77 000	66 220	21 938
7	31			本月生产费用累计	184 142	85 700	72 444	25 998
7	31	转	6	结转完工产品成本	−174 909.69	−79 460.91	−70 250.94	−25 197.84
7	31			月末在产品成本	9 232.31	6 239.09	2 193.06	800.16

经过以上 7 个步骤的归集和分配，最终将整个生产过程中发生的生产费用全部归集到甲产品和乙产品，并分别求出甲、乙产品的总成本和单位成本，完成了新威公司 7 月的成本核算工作。

项目十 产品成本核算的基本方法——分批法

知识目标：

✧ 了解分批法的含义

✧ 理解分批法的特点及其适用范围

✧ 掌握分批法的成本核算程序

✧ 理解简化分批法的成本核算程序

技能目标：

✧ 能够正确判断分批法适用的企业类型

✧ 能够运用分批法准确核算产品成本

项目导言：

分批法是以产品批别或订单作为成本核算对象，归集生产费用，核算产品成本的一种方法。它主要适用于生产小批、单件产品的企业进行成本核算，这种生产类型的企业，生产活动一般是根据用户的订单来组织生产的。本项目将通过列举典型案例来讲解分批法的成本核算过程。

10.1 分批法概述

一、分批法的含义

有些制造型企业在组织产品生产的过程中，不是大量、大批地重复生产一种或几种产品，而是需要根据用户的订单或企业事先确定的产品种类、规格，单件或小批量地组织产品生产。针对这种生产类型，就需要采用分批法进行产品成本的核算。分批法是指以产品批次或订单作为成本核算对象，归集生产费用，计算产品成本的一种方法。

二、分批法的适用范围

分批法适用于生产小批、单件产品的生产企业，如重型机械、船舶制造、精密仪器、专用工具、专用模具、专用设备的制造以及新产品的试制等企业。具体来说，分批法主要适用于以下几种类型的企业。

（1）适用于根据购买者订单生产的企业。这些企业专门根据客户的要求，生产特殊规格和特定数量的产品。订货者的订货可能是单件的大型产品，如船舶、精密仪器；也可能是多件同样规格的产品，如根据订货者的设计图样生产几件实验室用的特殊仪器。

（2）适用于产品种类经常变动的小规模制造型企业，如生产窗把手、插销等的五金工厂。这类企业规模小、工人数量少，可以根据市场需要随时变动产品的生产。

（3）适用于专门进行修理业务的企业，如修船厂、修配厂等。这类企业修理业务多种多样，需要根据承接的各种修理业务分别计算成本。

（4）新产品试制企业。专门试制、开发新产品的企业或车间。

总之，这类企业的共同特点是产品不重复生产，即使重复生产也是不定期的，通常按照购货单位的订单来组织生产。由于各份订单所订购产品的品种、规格不同，生产工艺过程各异，因此，需要按产品的批次进行成本计算。

三、分批法的特点

1. 以产品的批次作为成本核算对象

分批法是以产品的批次、订单号或企业事先规定的产品批次作为成本核算对象，据以开设产品“生产成本”明细账归集生产费用和核算产品成本。分批法下产品“生产成本”明细账的开设有如下的几种情况。

（1）同一订单中包括几种不同种类的产品。为了分别核算不同产品的生产成本和便于生产管理，可以按照产品的品种划分批次，组织生产，并计算成本。

（2）订单中只规定一种产品，但数量较大或者客户要求分批交货。可以把同一订单中的产品分几批组织生产，并计算成本。

（3）将不同订单中的同一种产品合并为一批生产。在同一时期，不同订单要求生产同一种产品的情况下，企业可以把几个订单中的同种产品合并为一批组织生产，并计算产品成本。

（4）同一订单中只有一种产品，但生产周期很长。例如，订购一艘船舶，它的生产周期很长，可以按部件分批组织生产，并计算产品成本。

2．成本计算期与产品生产周期相一致，而与会计报告期不一致

分批法下，由于是以产品的批次作为成本核算对象，因而一批产品只要全部完工就需要进行产品的成本计算，所以，成本计算期是不定期的。也就是说，采用分批法计算产品成本时，成本计算期与产品生产周期相一致，而与会计报告期不一致。

3．月末，一般不需要在批内完工产品和月末在产品之间分配生产费用

（1）如果是单件生产，产品完工时，“基本生产成本”明细账所归集的生产费用就是该完工产品的成本；如果该产品未完工，则“基本生产成本”明细账所归集的生产费用就是该产品在产品的成本。

（2）如果是小批量生产，批内产品一般都能同时完工，在月末计算成本时，或是全部已经完工，或是全部没有完工，因而也都不需要在批内完工产品和月末在产品之间分配生产费用。

（3）如果是大批量生产，有时会出现跨月完工的情况，这时就需要采用适当的方法在批内的完工产品和月末在产品之间分配生产费用。

四、分批法的成本核算程序

1．开设“生产成本”明细账和产品成本计算单

根据生产任务通知单所规定的产品批次，开设“生产成本”明细账和产品成本计算单，并按成本项目开设专栏。

2．编制各种要素费用分配表

各生产单位应根据生产过程中发生的各项费用的原始凭证和相关资料，编制各种费用分配表，如材料费用分配表、人工费用分配表、外购动力费用分配表和折旧计算表等。

3．编制记账凭证并登记相关的明细账

根据各种费用分配表及其他相关资料，编制相应的记账凭证（会计分录），并按照记账凭证及相关资料登记各批次产品的“基本生产成本”明细账、“辅助生产成本”明细账、“制造费用”明细账和“管理费用”明细账等。

4．分配辅助生产费用

月末，根据“辅助生产成本”明细账所归集的本月发生的全部费用，编制辅助生产费用分配表，采用适当的分配方法在各受益对象间进行费用分配，并登记相关明细账。

5．分配制造费用

月末，根据制造费用明细账所归集的本月全部费用，编制“制造费用分配表”，采用适当的分配方法，在各批次产品间进行分配，并据以登记产品成本计算单。

6. **计算完工产品成本**

（1）如果该批产品全部完工，则该批产品“基本生产成本”明细账归集的全部生产费用就是该批完工产品的总成本，总成本除以该批产品的产量即为单位成本。

（2）如果该批产品存在跨月陆续完工或分次交货情况时，应将归集的生产费用在批内完工产品成本和月末在产品成本之间进行分配，计算方法一般有如下两种。

第一种，当月末完工产品占投产批量比重较小时，对当月完工产品可按计划成本或定额成本计价，作为完工产品成本，然后用归集的生产费用减去完工产品的成本即为月末在产品的成本。这种方法还需在整批产品全部完工时，重新计算该批产品的实际成本，但对上月已入账的完工产品成本，不再进行调整。

第二种，当月末完工产品占投产批量比重较大时，为了保证成本计算的准确性，则应采用适当的方法，将所归集的生产费用在完工产品与月末在产品之间进行分配。

分批法的成本核算基本程序如图 10-1-1 所示。

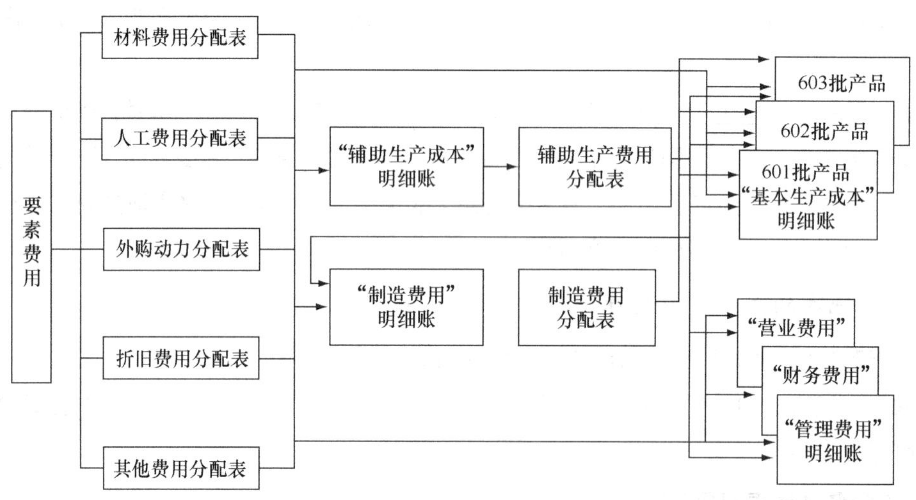

图 10-1-1　分批法的成本核算程序

10.2　分批法核算实例

【例 10-2-1】 康华公司按照订货单位的要求，小批量生产甲、乙、丙、丁 4 种产品，采用分批法计算产品成本，设置“直接材料”“直接人工”“燃料及动力”和“制造费用”4 个成本项目。

（1）9 月各种产品生产情况如表 10-2-1 所示。

表 10-2-1　　各种产品生产情况表

单位：台

批号	产品	批量	投产与完工情况
801 批	甲产品	8	上月投产，本月全部完工
901 批	乙产品	10	本月投产，本月全部未完工
902 批	丙产品	12	本月投产，本月完工 8 台
903 批	丁产品	8	本月投产，本月完工 2 台

（2）月初在产品情况如表10-2-2所示。

表10-2-2　　801批甲产品月初在产品成本资料

单位：元

项目 / 产品名称	直接材料	直接人工	燃料及动力	制造费用	合计
801批（甲产品）	10 800	7 000	6 356	7 854	32 010

（3）本月发生生产费用如表10-2-3～表10-2-5所示。

表10-2-3　　材料费用

单位：元

月份	801批（甲产品）	901批（乙产品）	902批（丙产品）	903批（丁产品）
9	140 680	166 700	400 000	800 000

表10-2-4　　工时资料

单位：小时

月份	801批（甲产品）	901批（乙产品）	902批（丙产品）	903批（丁产品）	合计
9	8 500	7 500	7 000	4 000	27 000

表10-2-5　　共同发生的其他费用

单位：元

月份	直接人工	燃料及动力	制造费用	合计
9	180 000	40 000	60 800	280 800

（4）该公司有关费用的分配方法如下。

① 根据生产特点和管理要求，公司采用分批法计算产品成本。

② 生产工人工资等其他费用按工时在801批、901批、902批、903批产品之间进行分配。

③ 801批（甲产品）上月投产，上月均未完工，本月全部完工；901批（乙产品）本月投产，本月全部未完工；902批（丙产品）原材料的投料方式为生产之初一次投料，由于该批产品完工数量较大，本月发生的费用在完工产品与在产品之间采用约当产量法分配，在产品完工程度为50%；903批（丁产品）原材料的投料方式为生产之初一次投料，由于该批产品完工数量较小，完工产品成本按计划成本结转，单位计划成本为60 000元（其中单位材料计划成本为42 000元，单位人工计划成本为12 000元，单位燃料动力计划成本为2 000元，单位制造费用计划成本为4 000元），待该批产品全部完工后，再重新计算完工产品与在产品的总成本与单位成本。要求：计算801批（甲产品）、901批（乙产品）、902批（丙产品）、903批（丁产品）的生产成本（分配率保留两位小数）。

康华公司产品生产成本核算程序如下。

第1步：材料费用的归集和分配。

本月发生在801批（甲产品）、901批（乙产品）、902批（丙产品）、903批（丁产品）的材料费用均为直接费用，因没有共同消耗材料的记录，所以不需要分配，根据材料费用编制转账凭证，如表10-2-6所示。

表 10-2-6 转账凭证

20××年 9 月 30 日 转字第 1 号

摘要	总账科目	明细科目	借方金额	贷方金额	记账符号
领用原材料	基本生产成本	801 批（甲产品）	140 680		
		901 批（乙产品）	166 700		
		902 批（丙产品）	400 000		
		903 批（丁产品）	800 000		
	原材料			1 507 380	
合计			¥1 507 380	¥1 507 380	

会计主管： 复核： 记账： 审核：××× 制单：×××

第 2 步：人工费用的归集和分配。

（1）根据工时资料编制工资费用分配表，如表 10-2-7 所示。

表 10-2-7 工资费用分配表

应借账户		分配计入			合计（元）
		工时（小时）	分配率	金额（元）	
基本生产成本	801 批（甲产品）	8 500	6.67	56 695	56 695
	901 批（乙产品）	7 500		50 025	50 025
	902 批（丙产品）	7 000		46 690	46 690
	903 批（丁产品）	4 000		26 590	26 590
合计		27 000		180 000	180 000

（2）根据工资费用分配表编制转账凭证，如表 10-2-8 所示。

表 10-2-8 转账凭证

20××年 9 月 30 日 转字第 2 号

摘要	总账科目	明细科目	借方金额	贷方金额	记账符号
分配工资	基本生产成本	801 批（甲产品）	56 695		
		901 批（乙产品）	50 025		
		902 批（丙产品）	46 690		
		903 批（丁产品）	26 590		
	应付职工薪酬	工资		180 000	
合计			¥180 000	¥180 000	

会计主管： 复核： 记账： 审核：××× 制单：×××

第 3 步：燃料及动力费用的归集和分配。

（1）根据工时资料编制燃料及动力费用分配表，如表 10-2-9 所示。

表 10-2-9　　燃料及动力费用分配表

应借账户		分配计入			合计（元）
		工时（小时）	分配率	金额（元）	
基本生产成本	801 批（甲产品）	8 500	1.48	12 580	12 580
	901 批（乙产品）	7 500		11 100	11 100
	902 批（丙产品）	7 000		10 360	10 360
	903 批（丁产品）	4 000		5 960	5 960
合计		27 000		40 000	40 000

（2）根据燃料及动力费用分配表编制转账凭证，如表 10-2-10 所示。

表 10-2-10　　转账凭证

20××年 9 月 30 日　　转字第 3 号

摘要	总账科目	明细科目	借方金额	贷方金额	记账符号
分配燃料及动力	基本生产成本	801 批（甲产品）	12 580		
		901 批（乙产品）	11 100		
		902 批（丙产品）	10 360		
		903 批（丁产品）	5 960		
	应付账款	××公司		40 000	
合计			¥40 000	¥40 000	

会计主管：　　复核：　　记账：　　审核：×××　　制单：×××

第 4 步：制造费用的归集和分配。

（1）根据工时资料编制制造费用分配表，如表 10-2-11 所示。

表 10-2-11　　制造费用分配表

应借账户		分配计入			合计（元）
		工时（小时）	分配率	金额（元）	
基本生产成本	801 批（甲产品）	8 500	2.25	19 125	19 125
	901 批（乙产品）	7 500		16 875	16 875
	902 批（丙产品）	7 000		15 750	15 750
	903 批（丁产品）	4 000		9 050	9 050
合计		27 000		60 800	60 800

（2）根据制造费用分配表编制转账凭证，如表 10-2-12 所示。

表 10-2-12　　转账凭证

20××年 9 月 30 日　　转字第 4 号

摘要	总账科目	明细科目	借方金额	贷方金额	记账符号
分配制造费用	基本生产成本	801 批（甲产品）	19 125		
		901 批（乙产品）	16 875		
		902 批（丙产品）	15 750		
		903 批（丁产品）	9 050		
	制造费用			60 800	
合计			¥60 800	¥60 800	

会计主管：　复核：　记账：　审核：×××　制单：×××

第 5 步：生产费用的归集和分配。

（1）归集生产费用。

月末，会计部门按批次分别登记“基本生产成本”明细账，如表 10-2-13～表 10-2-16 所示。

表 10-2-13　　“基本生产成本”明细账

产品批次：801 批　　产品名称：甲产品

20××年		凭证号数		摘要	借方	成本项目			
月	日	字	号			直接材料	直接人工	燃料及动力	制造费用
9	1			期初余额	32 010	10 800	7 000	6 356	7 854
9	30	转	1	领用原材料	140 680	140 680			
9	30	转	2	分配工资	56 695		56 695		
9	30	转	3	分配燃料及动力	12 580			12 580	
9	30	转	4	分配制造费用	19 125				19 125
9	30			本月生产费用合计	229 080	140 680	56 695	12 580	19 125
9	30			本月生产费用累计	261 090	151 480	63 695	18 936	26 979

表 10-2-14　　“基本生产成本”明细账

产品批次：901 批　　产品名称：乙产品

20××年		凭证号数		摘要	借方	成本项目			
月	日	字	号			直接材料	直接人工	燃料及动力	制造费用
9	30	转	1	领用原材料	166 700	166 700			
9	30	转	2	分配工资	50 025		50 025		
9	30	转	3	分配燃料及动力	11 100			11 100	
9	30	转	4	分配制造费用	16 875				16 875
9	30			本月生产费用合计	244 700	166 700	50 025	11 100	16 875
9	30			本月生产费用累计	244 700	166 700	50 025	11 100	16 875

表 10-2-15 “基本生产成本”明细账

产品批次：902 批　　　　产品名称：丙产品

20××年		凭证号数		摘要	借方	成本项目			
月	日	字	号			直接材料	直接人工	燃料及动力	制造费用
9	30	转	1	领用原材料	400 000	400 000			
9	30	转	2	分配工资	46 690		46 690		
9	30	转	3	分配燃料及动力	10 360			10 360	
9	30	转	4	分配制造费用	15 750				15 750
9	30			本月生产费用合计	472 800	400 000	46 690	10 360	15 750
9	30			本月生产费用累计	472 800	400 000	46 690	10 360	15 750

表 10-2-16 “基本生产成本”明细账

产品批次：903 批　　　　产品名称：丁产品

20××年		凭证号数		摘要	借方	成本项目			
月	日	字	号			直接材料	直接人工	燃料及动力	制造费用
9	30	转	1	领用原材料	800 000	800 000			
9	30	转	2	分配工资	26 590		26 590		
9	30	转	3	分配燃料及动力	5 960			5 960	
9	30	转	4	分配制造费用	9 050				9 050
9	30			本月生产费用合计	841 600	800 000	26 590	5 960	9 050
9	30			本月生产费用累计	841 600	800 000	26 590	5 960	9 050

（2）分配生产费用。

801 批（甲产品）上个月投产，当月均未完工，本月全部完工，“基本生产成本”明细账归集的生产费用总额即为完工产品总成本。

901 批（乙产品）本月投产，本月全部未完工，“基本生产成本”明细账归集的生产费用总额即为在产品总成本。

902 批（丙产品）采用约当产量法进行分配，完工产品和月末在产品成本计算表如表 10-2-17 所示。

表 10-2-17　　完工产品和在产品成本计算表

在产品：4 台　　在产品完工程度：50%

完工产品：8 台　　投料方式：一次投料

产品批次：902 批　　产品名称：丙产品　　20××年 9 月 30 日

摘要	成本项目				合计
	直接材料	直接人工	燃料动力	制造费用	
本月发生生产费用（元）	400 000	46 690	10 360	15 750	472 800
本月生产费用累计（元）	400 000	46 690	10 360	15 750	472 800
在产品约当产量（件）	4	2	2	2	
完工产品产量（件）	8	8	8	8	
分配率	33 333.33	4 669	1 036	1 575	
完工产品成本（元）	266 666.64	37 352	8 288	12 600	324 906.64
月末在产品成本（元）	133 333.36	9 338	2 072	3 150	147 893.36

由于 903 批（丁产品）完工数量较少，完工产品成本按计划成本结转。完工产品和月末在产品成本计算表如表 10-2-18 所示。

表 10-2-18　　完工产品和在产品成本计算表

在产品：6 台

完工产品：2 台　　投料方式：一次投料

产品批次：903 批　　产品名称：丁产品　　20××年 9 月 30 日　　单位：元

摘要	成本项目				合计
	直接材料	直接人工	燃料动力	制造费用	
本月发生生产费用	800 000	26 590	5 960	9 050	841 600
本月生产费用累计	800 000	26 590	5 960	9 050	841 600
完工产品计划单位成本	42 000	12 000	2 000	4 000	60 000
完工产品成本	84 000	24 000	4 000	8 000	120 000
月末在产品成本	716 000	2 590	1 960	1 050	721 600

（3）编制产品成本汇总表。

根据表 10-2-13、表 10-2-17、表 10-2-18，编制产品成本汇总表，如表 10-2-19 所示。

表 10-2-19　　产品成本汇总表

单位名称：康华公司　　20××年 9 月

产品名称	成本	产量（台）	直接材料（元）	直接人工（元）	燃料动力（元）	制造费用（元）	合计（元）
801 批（甲产品）	总成本	8	151 480	63 695	18 936	26 979	261 090
	单位成本		18 935	7 961.88	2 367	3 372.37	32 636.25
902 批（丙产品）	总成本	8	266 666.64	37 352	8 288	12 600	324 906.64
	单位成本		33 333.33	4 669	1 036	1 575	40 613.33
903 批（丁产品）	总成本	2	84 000	24 000	4 000	8 000	120 000
	单位成本		42 000	12 000	2 000	4 000	60 000

（4）结转完工产品成本，根据产品成本汇总表编制转账凭证，如表10-2-20所示。

表10-2-20　　转账凭证

20××年9月30日　　转字第5号

摘要	总账科目	明细科目	借方金额	贷方金额	记账符号	
结转完工产品成本	库存商品	801批（甲产品）	261 090.00			
		902批（丙产品）	324 906.64			
		903批（丁产品）	120 000.00			
	基本生产成本	801批（甲产品）		261 090.00		
		902批（丙产品）		324 906.64		
		903批（丁产品）		120 000.00		
	合计		¥705 996.64	¥705 996.64		

会计主管：　　复核：　　记账：　　审核：×××　　制单：×××

（5）继续登记"基本生产成本"明细账，如表10-2-21～表10-2-24所示。

表10-2-21　　"基本生产成本"明细账

产品批次：801批　　产品名称：甲产品

20××年		凭证号数		摘要	借方	成本项目			
月	日	字	号			直接材料	直接人工	燃料及动力	制造费用
9	1			期初余额	32 010	10 800	7 000	6 356	7 854
9	30	转	1	领用原材料	140 680	140 680			
9	30	转	2	分配工资	56 695		56 695		
9	30	转	3	分配燃料及动力	12 580			12 580	
9	30	转	4	分配制造费用	19 125				19 125
9	30			本月生产费用合计	229 080	140 680	56 695	12 580	19 125
9	30			本月生产费用累计	261 090	151 480	63 695	18 936	26 979
9	30	转	5	结转完工产品成本	−261 090	−151 480	−63 695	−18 936	−26 979
9	30			月末在产品成本	0	0	0	0	0

表10-2-22　　"基本生产成本"明细账

产品批次：901批　　产品名称：乙产品

20××年		凭证号数		摘要	借方	成本项目			
月	日	字	号			直接材料	直接人工	燃料及动力	制造费用
9	30	转	1	领用原材料	166 700	166 700			
9	30	转	2	分配工资	50 025		50 025		
9	30	转	3	分配燃料及动力	11 100			11 100	
9	30	转	4	分配制造费用	16 875				16 875
9	30			本月生产费用合计	244 700	166 700	50 025	11 100	16 875

续表

20××年		凭证号数		摘要	借方	成本项目			
月	日	字	号			直接材料	直接人工	燃料及动力	制造费用
9	30			本月生产费用累计	244 700	166 700	50 025	11 100	16 875
9	30			本月完工产品成本	0	0	0	0	0
9	30			月末在产品成本	244 700	166 700	50 025	11 100	16 875

表 10-2-23 "基本生产成本"明细账

产品批次：902 批　　产品名称：丙产品

20××年		凭证号数		摘要	借方	成本项目			
月	日	字	号			直接材料	直接人工	燃料及动力	制造费用
9	30	转	1	领用原材料	400 000	400 000			
9	30	转	2	分配工资	46 690		46 690		
9	30	转	3	分配燃料及动力	10 360			10 360	
9	30	转	4	分配制造费用	15 750				15 750
9	30			本月生产费用合计	472 800	400 000	46 690	10 360	15 750
9	30			本月生产费用累计	472 800	400 000	46 690	10 360	15 750
9	30	转	5	结转完工产品成本	−324 906.64	−266 666.64	−37 352	−8 288	−12 600
9	30			月末在产品成本	147 893.36	133 333.36	9 338	2 072	3 150

表 10-2-24 "基本生产成本"明细账

产品批次：903 批　　产品名称：丁产品

20××年		凭证号数		摘要	借方	成本项目			
月	日	字	号			直接材料	直接人工	燃料及动力	制造费用
9	30	转	1	领用原材料	800 000	800 000			
9	30	转	2	分配工资	26 590		26 590		
9	30	转	3	分配燃料及动力	5 960			5 960	
9	30	转	4	分配制造费用	9 050				9 050
9	30			本月生产费用合计	841 600	800 000	26 590	5 960	9 050
9	30			本月生产费用累计	841 600	800 000	26 590	5 960	9 050
9	30	转	5	结转完工产品成本	−120 000	−84 000	−24 000	−4 000	−8 000
9	30			月末在产品成本	721 600	716 000	2 590	1 960	1 050

经过以上 5 个步骤的归集和分配，最终将整个生产过程中 4 批不同产品发生的生产费用全部归集到各批产品中，并分别求出各批产品的总成本和单位成本，完成了康华公司 9 月的成本核算工作。

10.3 简化分批法

在小批或单件生产的企业中，产品订单多，生产周期长，而实际每月完工的订单并不多。在这种情况下，如果不论各批产品完工与否，都将当月发生的间接费用在当月分配并计入各批产品成本，就必定会由于产品批次众多，而使得间接费用的分配工作繁重。因此，在一个月内投产的产品批数很多、月末未完工产品批数较多的情况下，为简化间接费用的分配工作，可采用简化分批法。

一、简化分批法的含义

简化分批法是指将每月发生的能分清属于某批产品所承担的直接费用（如直接材料等）直接计入该批产品“生产成本”明细账，而将发生的间接费用（如人工费用、制造费用等）计入公共累计账户，到某批产品完工时，按照各批产品累计工时比例，才在完工产品与在产品之间分配间接费用的一种成本计算方法。

二、简化分批法的优、缺点及适用范围

1. 简化分批法的优点

简化分批法也称累计间接计入费用分配法。这种方法与一般分批法的不同之处在于，每月发生的各项间接费用不是按月在各批产品“生产成本”明细账中进行分配，而是利用累计间接费用分配率，到产品完工时在各批完工产品之间进行分配。这就大大简化了间接费用的分配和登记工作，而且月末未完工产品批数越多，核算工作就越简化。

2. 简化分批法的缺点

由于各批未完工产品的“生产成本”明细账中，未能计入应负担的间接费用（如人工费用、制造费用等），因而不能完整地反映各批未完工产品的生产成本。同时，间接费用在各月发生额相差悬殊的情况下，会影响各月产品成本的正确性。例如，前几个月的间接费用发生额高，本月间接费用发生额低，某批产品在本月投产，本月完工，在这种情况下，该批产品就会承担过高的间接费用。

3. 简化分批法的适用范围

简化分批法主要适用于单件、小批量的生产企业生产批次很多、月末未完工的批次也多的情况。在投产批次不多、月末未完工的批次也不多的情况下，绝大多数批次的产品需要在完工产品与在产品之间分配各项生产费用，核算工作量减少不多，且简化分批法计算成本真实程度也不高，因此，不适合采用简化分批法。

三、简化分批法的成本核算程序

1. 账户设置

采用简化分批法，除按生产批次设立“生产成本”明细账户外，还要在“基本生产成本”账户下设立“总成本”二级明细账户，也称为“总成本”明细账户。“基本生产成本”明细账与“总成本”明细账平行登记。“基本生产成本”账户设置“直接材料”“生产工时”“直接人工”“燃料及动力”“制造费用”等项目。“总成本”明细账户设置“直接材料”“生产工时”“直接人工”“燃料及动力”“制造费用”等项目。

2. 登记"总成本"明细账

月末，不分批次根据各要素费用分配表、辅助生产费用分配表和制造费用分配表登记各成本项目，并登记本月投入的生产工时。目的是通过"总成本"明细账归集全部间接费用和全部生产工时，月末将完工产品的间接费用和生产工时转出，余额为全部在产品的间接费用和生产工时。

3. 登记"基本生产成本"明细账

（1）月末，如果该批产品没有完工产品，则仅登记该批产品的直接费用（如材料费用）和本月投入的生产工时。

（2）月末，如果该批产品有完工产品，则不仅要登记该批产品的直接费用和本月投入的生产工时，而且还要根据公共累计二级明细账户的记录资料，合计（累计）间接费用和生产工时，以累计生产工时为分配标准，分类别计算间接费用分配率。再计算某批次完工产品分配的某种间接费用。其计算公式为

$$全部产品累计间接费用分配率=\frac{全部产品累计间接费用}{全部产品累计生产工时}$$

$$某批完工产品分配的某种间接费用=该批完工产品所耗用的生产工时\times分配率$$

对于未完工的在产品则不分配间接费用，留存下月产品完工时分配，这是简化分批法最主要的特点。所以，有时将简化分批法称为"不分批计算在产品成本的分批法"。

4. 明细账月末余额表达的含义

（1）"基本生产成本"明细账。因为将完工产品成本从"生产成本"明细账中转出，"生产成本"明细账中的余额仅为月末在产品成本的直接费用，而没有包含间接费用，所以，在简化分批法下，"生产成本"明细账的月末余额没有实质性的含义，仅为简化分批法计算成本的一种手段。

（2）"总成本"明细账。因为将完工产品成本从"总成本"明细账中转出，"总成本"明细账中的余额为企业全部在产品成本，不能表明哪批产品或哪种产品的在产品成本，所以，"总成本"明细账的月末余额也没有实质性的含义。

四、简化分批法核算实例

【例 10-3-1】 康华公司按照订货单位的要求，小批量生产甲、乙、丙、丁 4 种产品，每月月末经常有大量未能完工的产品批次，为了简化核算工作，采用简化分批法计算产品成本，明细账设置"直接材料""生产工时""直接人工""燃料及动力""制造费用"等项目。

（1）9 月各种产品生产情况如表 10-3-1 所示。

表 10-3-1　　各种产品生产情况表

单位：台

批次	产品	批量	投产与完工情况
801 批	甲产品	200	上月投产，本月全部完工
802 批	乙产品	100	上月投产，本月完工 80 台
901 批	丙产品	120	本月投产，本月尚未完工
902 批	丁产品	150	本月投产，本月完工 20 台

（2）月初在产品情况如表 10-3-2～表 10-3-4 所示。

①“总成本”二级明细账。

表 10-3-2　“总成本”二级明细账

20××年		摘要	借方	直接材料	生产工时（小时）	成本项目		
月	日					直接人工	燃料动力	制造费用
9	1	期初余额	351 600	140 600	1 800	86 000	70 000	55 000

②“基本生产成本”明细账。

表 10-3-3　“基本生产成本”明细账

产品批次：801 批　产品名称：甲产品

20××年		摘要	借方	直接材料	生产工时（小时）	成本项目		
月	日					直接人工	燃料动力	制造费用
9	1	期初余额	80 600	80 600	1 000			

表 10-3-4　“基本生产成本”明细账

产品批次：802 批　产品名称：乙产品

20××年		摘要	借方	直接材料	生产工时（小时）	成本项目		
月	日					直接人工	燃料动力	制造费用
9	1	期初余额	60 000	60 000	800			

（3）本月发生生产费用资料如表 10-3-5～表 10-3-7 所示。

① 直接材料费用。

表 10-3-5　直接材料费用　单位：元

月份	801 批（甲产品）	802 批（乙产品）	901 批（丙产品）	902 批（丁产品）
9	110 000	90 000	80 000	33 000

② 所耗生产工时。

表 10-3-6　工时资料　单位：小时

月份	801 批（甲产品）		802 批（乙产品）		901 批（丙产品）		902 批（丁产品）	
	本月发生	完工产品工时	本月发生	完工产品工时	本月发生	完工产品工时	本月发生	完工产品工时
9	3 000	4 000	2 500	2 300	8 000		6 000	4 000

③ 共同发生的其他费用。

表 10-3-7　共同发生的其他费用　单位：元

月份	直接人工	燃料及动力	制造费用
9	125 000	100 000	100 000

（4）该公司有关费用的分配方法如下。

① 根据生产特点和管理要求，公司采用简化分批法计算成本。

② 直接材料费用分别直接计入各批产品的“生产成本”明细账。801 批（甲产品），上月没有完工，均在本月完工；802 批（乙产品），原材料属于逐步投料，上月投产，本月完工 80 台，未完工 20 台，未完工产品的完工程度为 50%，采用约当产量法分配材料费用；901 批（丙产品），本月投产，本月尚未完工；902 批（丁产品），原材料属于生产之初一次投料，本月投产，本月完工 20 台，未完工 130 台，未完工产品的完工程度为 30%，采用约当产量法分配材料费用。

③ 间接费用以生产总工时为分配标准，将各批完工产品应承担的间接费用分别计入各批完工产品的生产成本明细账中，未能完工的产品不参与间接费用的分配。

要求：计算 801 批（甲产品）、802 批（乙产品）、901 批（丙产品）和 902 批（丁产品）的生产成本（分配率保留两位小数）。

康华公司 9 月产品生产成本核算程序如下。

第 1 步：材料费用的归集和分配。

本月发生在 801 批（甲产品）、802 批（乙产品）、901 批（丙产品）和 902 批（丁产品）的材料费用均为直接费用，故可直接计入各批产品的“基本生产成本”明细账的“直接材料”栏目下，因没有共同消耗材料的记录，所以不需要分配。

第 2 步：间接费用的归集和分配。

间接费用的归集和分配的方法是：“总成本”二级明细账户归集各种间接费用，月末以累计工时为分配标准，分别计算各项间接费用分配率，再按完工产品的生产工时转出完工产品的间接费用。

（1）康华公司 9 月间接费用的归集如表 10-3-8 所示。

表 10-3-8　“总成本”二级明细账

20××年		摘要	借方	直接材料	生产工时（小时）	成本项目		
月	日					直接人工	燃料动力	制造费用
9	1	期初余额	351 600	140 600	1 800	86 000	70 000	55 000
9	30	本月发生	638 000	313 000	19 500	125 000	100 000	100 000
9	30	本月累计	989 600	453 600	21 300	211 000	170 000	155 000

（2）间接费用分配计算表如表 10-3-9 所示。

表 10-3-9　间接费用分配计算表

摘要	生产工时（小时）	成本项目		
		直接人工	燃料动力	制造费用
期初余额	1 800	86 000	70 000	55 000
本月发生	19 500	125 000	100 000	100 000
本月累计	21 300	211 000	170 000	155 000

续表

摘要	生产工时（小时）	成本项目		
		直接人工	燃料动力	制造费用
分配率		9.91	7.98	7.28
完工产品	10 300	102 073	82 194	74 984
月末余额		108 927	87 806	80 016

（3）继续登记“总成本”二级明细账，如表10-3-10所示。

表10-3-10　“总成本”二级明细账

20××年		摘要	借方	直接材料	生产工时（小时）	成本项目		
月	日					直接人工	燃料动力	制造费用
9	1	期初余额	351 600	140 600	1 800	86 000	70 000	55 000
9	30	本月发生	638 000	313 000	19 500	125 000	100 000	100 000
9	30	本月累计	989 600	453 600	21 300	211 000	170 000	155 000
9	30	完工转出			10 300	−102 073	−82 194	−74 984
9	30	月末余额				108 927	87 806	80 016

第3步：各批产品生产成本的归集和分配。

（1）801批（甲产品）的基本生产成本的归集和分配。

① 801批（甲产品）的基本生产成本的归集如表10-3-11所示。

表10-3-11　“基本生产成本”明细账

产品批次：801批　　产品名称：甲产品

20××年		摘要	借方	直接材料	生产工时（小时）	成本项目		
月	日					直接人工	燃料动力	制造费用
9	1	期初余额	80 600	80 600	1 000			
9	30	本月发生	110 000	110 000	3 000			
9	30	本月累计	190 600	190 600	4 000			

② 费用分配计算如表10-3-12所示。

表10-3-12　费用分配计算表

摘要	生产工时（小时）	成本项目		
		直接人工	燃料动力	制造费用
分配率		9.91	7.98	7.28
完工产品	4 000	39 640	31 920	29 120
月末余额	0	0	0	0

（2）802批（乙产品）的基本生产成本的归集和分配。

① 802批（乙产品）的基本生产成本的归集如表10-3-13所示。

表 10-3-13　　　　　　　　　　　　　　　　“基本生产成本”明细账

产品批次：802 批　　　　　　　　　　　　　　　　产品名称：乙产品

20××年		摘要	借方	直接材料	生产工时（小时）	成本项目		
月	日					直接人工	燃料动力	制造费用
9	1	期初余额	60 000	60 000	800			
9	30	本月发生	90 000	90 000	2 500			
9	30	本月累计	150 000	150 000	3 300			

② 费用分配计算表如表 10-3-14 所示。

表 10-3-14　　　　　　　　　　　　　　　　费用分配计算表

摘要	直接材料	生产工时（小时）	成本项目		
			直接人工	燃料动力	制造费用
期初余额	60 000				
本月发生	90 000				
本月累计	150 000				
分配率	1 666.67	3 300	9.91	7.98	7.28
完工产品	133 333.60	2 300	22 793	18 354	16 744
月末余额	16 666.40	1 000			

其中，直接材料分配率＝150 000÷（80＋20×50%）＝1 666.67。

（3）901 批（丙产品）的基本生产成本的归集和分配。

901 批（丙产品）的基本生产成本的归集如表 10-3-15 所示。

表 10-3-15　　　　　　　　　　　　　　　　“基本生产成本”明细账

产品批次：901 批　　　　　　　　　　　　　　　　产品名称：丙产品

20××年		摘要	借方	直接材料	生产工时（小时）	成本项目		
月	日					直接人工	燃料动力	制造费用
9	30	本月发生	80 000	80 000	8 000			
9	30	本月累计	80 000	80 000	8 000			

因为 901 批（丙产品）本月没有完工产品，所以其“基本生产成本”明细账仅需要登记发生的直接材料和生产工时。

（4）902 批（丁产品）的基本生产成本的归集和分配。

① 902 批（丁产品）的基本生产成本的归集如表 10-3-16 所示。

表 10-3-16　　　　　　　　　　　　　　　　“基本生产成本”明细账

产品批次：902 批　　　　　　　　　　　　　　　　产品名称：丁产品

20××年		摘要	借方	直接材料	生产工时（小时）	成本项目		
月	日					直接人工	燃料动力	制造费用
9	30	本月发生	33 000	33 000	6 000			
9	30	本月累计	33 000	33 000	6 000			

② 费用分配计算表如表 10-3-17 所示。

表 10-3-17　　费用分配计算表

摘要	直接材料	生产工时（小时）	成本项目		
			直接人工	燃料动力	制造费用
本月发生	33 000	6 000			
本月累计	33 000	6 000			
分配率	220		9.91	7.98	7.28
完工产品	4 400	4 000	39 640	31 920	29 120
月末余额	28 600	2 000			

其中，直接材料的分配率＝33 000÷（20＋130）＝220。

（5）编制产品成本汇总表，如表 10-3-18 所示。

表 10-3-18　　产品成本汇总表

单位名称：康华公司　　20××年 9 月　　单位：元

产品名称	成本	产量（台）	直接材料	直接人工	燃料动力	制造费用	合计
801 批（甲产品）	总成本	200	190 600	39 640	31 920	29 120	291 280
	单位成本		953	198.20	159.60	145.60	1 456.40
802 批（乙产品）	总成本	80	133 333.60	22 793	18 354	16 744	191 224.60
	单位成本		1 666.67	284.91	229.43	209.3	2 390.31
902 批（丁产品）	总成本	20	4 400	39 640	31 920	29 120	105 080
	单位成本		220	1 982	1 596	1 456	5 254

（6）结转完工产品成本，根据产品成本汇总表编制转账凭证，如表 10-3-19 所示。

表 10-3-19　　转账凭证

20××年 9 月 30 日　　转字第×号

摘要	总账科目	明细科目	借方金额	贷方金额	记账符号
结转完工产品成本	库存商品	801 批（甲产品）	291 280.00		
		802 批（乙产品）	191 224.60		
		902 批（丁产品）	105 080.00		
	基本生产成本	801 批（甲产品）		291 280.00	
		802 批（乙产品）		191 224.60	
		902 批（丁产品）		105 080.00	
合计			¥587 584.60	¥587 584.60	

会计主管：　　复核：　　记账：　　审核：×××　　制单：×××

第 4 步：登记“基本生产成本”明细账，如表 10-3-20～表 10-3-24 所示。

表 10-3-20　　“基本生产成本”明细账

产品批次：801 批　　产品名称：甲产品

20××年		摘要	借方	直接材料	生产工时（小时）	成本项目		
月	日					直接人工	燃料动力	制造费用
9	1	期初余额	80 600	80 600	1 000			
9	30	本月发生	110 000	110 000	3 000			
9	30	本月累计	190 600	190 600	4 000			
9	30	结转完工产品	−190 600	−190 600	4 000			
9	30	月末余额	0	0	0			

表 10-3-21　　“基本生产成本”明细账

产品批次：802 批　　产品名称：乙产品

20××年		摘要	借方	直接材料	生产工时（小时）	成本项目		
月	日					直接人工	燃料动力	制造费用
9	1	期初余额	60 000	60 000	800			
9	30	本月发生	90 000	90 000	2 500			
9	30	本月累计	150 000	150 000	3 300			
9	30	结转完工产品	−133 333.60	−133 333.60	2 300			
9	30	月末余额	16 666.40	16 666.40	1 000			

表 10-3-22　　“基本生产成本”明细账

产品批次：901 批　　产品名称：丙产品

20××年		摘要	借方	直接材料	生产工时（小时）	成本项目		
月	日					直接人工	燃料动力	制造费用
9	30	本月发生	80 000	80 000	8 000			
9	30	本月累计	80 000	80 000	8 000			
9	30	结转完工产品	0	0	0			
9	30	月末余额	80 000	80 000	8 000			

表 10-3-23　　“基本生产成本”明细账

产品批次：902 批　　产品名称：丁产品

20××年		摘要	借方	直接材料	生产工时（小时）	成本项目		
月	日					直接人工	燃料动力	制造费用
9	30	本月发生	33 000	33 000	6 000			
9	30	本月累计	33 000	33 000	6 000			
9	30	结转完工产品	−4 400	−4 400	4 000			
9	30	月末余额	28 600	28 600	2 000			

第 5 步：登记“总成本”二级明细账，如表 10-3-24 所示。

表 10-3-24　　“总成本”二级明细账

20××年		摘要	借方	直接材料	生产工时（小时）	成本项目		
月	日					直接人工	燃料动力	制造费用
9	1	期初余额	351 600	140 600	1 800	86 000	70 000	55 000
9	30	本月发生	638 000	313 000	19 500	125 000	100 000	100 000
9	30	本月累计	989 600	453 600	21 300	211 000	170 000	155 000
9	30	完工转出	−587 584.6	−328 333.6	10 300	−102 073	−82 194	−74 984
9	30	月末余额	402 015.4	125 266.4	11 000	108 927	87 806	80 016

经过以上 5 个步骤的归集和分配，最终将整个生产过程中 4 批不同产品发生的生产费用全部归集到各批产品中，并分别求出各批完工产品的总成本和单位成本，各批未完工产品的间接费用登记在“总成本”二级明细账中，因此简化了康华公司 9 月的成本核算工作。

项目十一　产品成本核算的基本方法——分步法

知识目标：

- ✧ 了解分步法的含义
- ✧ 理解分步法的特点和适用范围
- ✧ 掌握逐步分项结转分步法、逐步综合结转分步法的成本核算程序
- ✧ 掌握平行结转分步法的成本核算程序
- ✧ 掌握成本还原的基本原理

技能目标：

- ✧ 能够正确判断分步法适用的企业类型
- ✧ 能够运用逐步分项结转分步法、逐步综合结转分步法准确核算产品成本
- ✧ 能够运用平行结转分步法准确核算产品成本
- ✧ 能够熟练进行成本还原的操作

项目导言：

分步法是以产品生产步骤和产品品种作为成本核算对象，归集生产费用，核算产品成本的一种方法。它主要适用于大量大批生产并在管理上要求分步骤计算成本的多步骤生产企业，这种生产类型的企业在某一时间上往往既有已完工的产成品，又有未完工的在产品和半成品，企业不仅要核算产成品带来的收益，而且还要求核算自制半成品带来的收益。本项目将通过列举典型案例来讲解分步法的成本核算过程。

11.1 分步法概述

一、分步法的含义

有些制造型企业的产品生产过程从原材料投入到产品完工，要经过若干个生产步骤，除最后一个步骤生产的是产成品外，其他步骤生产的都是完工程度不同的半成品。这些半成品，可以是下一步骤加工的对象，也可以对外出售。针对这种生产类型，就需要采用分步法进行产品成本的核算。分步法是以产品生产步骤和产品品种为成本核算对象，来归集和分配生产费用、计算产品成本的一种方法。

二、分步法的适用范围

分步法适用于大量、大批生产并在管理上要求分步骤计算成本的多步骤生产企业，如冶金、水泥、纺织、酿酒、砖瓦等企业。为了适用企业的生产特点和管理要求，不仅需要计算最终产成品成本，还要按生产步骤计算各步骤的生产成本。

三、分步法的特点

1. 以产品生产步骤和产品品种作为成本核算对象

分步法成本核算对象是各个加工步骤的各种或各类产品，也就是说该种方法是以产品的生产步骤和产品品种作为成本核算对象的。“基本生产成本”明细账按每个加工步骤的各种或各类产品设置。如果只生产一种产品，成本核算对象就是该种产成品及其所经过的各个生产步骤，产品“基本生产成本”明细账应该按照产品的生产步骤设置。如果生产多种产品，成本核算对象则应是各种产品及其所经过的各个生产步骤，产品“基本生产成本”明细账应该按照各种产品的各个步骤设置。

在实际工作中，产品成本核算的分步与产品实际生产步骤的划分并不一定完全一致，核算产品成本时，可以只对管理上有必要分步核算成本的生产步骤单独设立产品“基本生产成本”明细账，单独核算成本；管理上不要求单独核算成本的生产步骤，则可以与其他生产步骤合并设立产品“基本生产成本”明细账，合并核算成本。

2. 计算产品成本一般是按月定期进行

在大量、大批生产的企业里，原材料连续投入，产品连续不断地转移到下一生产步骤，生产过程中始终有一定数量的在产品，成本核算一般在月末进行。所以，成本计算是定期的，成本核算期与产品的生产周期不一致，但与会计报告期一致。

3. 生产费用需要在完工产品与在产品之间分配

在大量、大批的多步骤生产中，由于生产过程较长，而且往往都是跨月陆续完工，因此，在月终计算成本时各步骤都有在产品，因此，要将生产费用采用适当的方法，在完工产品与在产品之间进行分配。

4. 各步骤之间的成本需要结转

由于产品生产分步进行，上一步骤生产的半成品是下一步骤的加工对象。因此，为了计算各种产品的产成品成本，还需要按照产品的品种，结转各步骤成本。也就是说，在采用分步法计算产品成本时，在各个步骤之间还有个成本结转问题，这也是分步法区别于其他成本核算方法的一个重要特点。

四、分步法的种类

核算产成品成本是成本计算的最终目的。但是，不同类型的企业有不同的管理要求，有的企业为了加强成本管理，各个生产部门分别进行成本核算，有时产品的半成品也要对外销售，在这种情况下，就要求分步骤地计算半成品成本；而有的企业为了简化成本核算工作，只要求计算出最后步骤的产成品成本，不必计算半成品成本。因此，分步法又可以分为两种：逐步结转分步法和平行结转分步法。

11.2　逐步结转分步法

一、逐步结转分步法的含义及适用范围

逐步结转分步法也称顺序结转分步法，它是按照产品连续加工的先后顺序，根据生产步骤所汇集的成本、费用和产量记录，计量自制半成品成本，自制半成品成本随着半成品在各加工步骤之间移动而顺序结转的一种方法。

这种方法适用于从事大量、大批连续式复杂生产，并且各步骤半成品具有独立经济意义、管理上要求提供各步骤半成品成本资料的企业。例如，纺织企业的棉纱、坯布，冶金企业的生铁、钢锭、铝锭，化肥企业的合成氨等半成品都属于这种情况。

二、逐步结转分步法的特点

1. 各步骤都要计算半成品成本

半成品成本的结转与半成品实物的转移一致，即半成品实物转移到哪一个加工步骤，半成品成本也随之结转入该步骤产品“成本”明细账内。

2. 按月计算半成品成本和完工产品成本

每月月末应将各步骤“基本生产成本”明细账中归集的生产费用，包括本步骤发生的费用和上步骤转来的半成品成本，在完工产品（半成品或产成品）和在产品（狭义在产品）之间进行分配，以便计算出各生产步骤的半成品，逐步结转计算出产成品的成本。最终完工产品的成本是自第一步骤起逐步结转积累而来的。

三、逐步结转分步法的成本核算程序

（1）按照产品的生产步骤和产品的品种开设“生产成本”明细账和产品成本计算单，并按成本项目开设专栏。

（2）各步骤的直接费用直接计入各步骤的“基本生产成本”明细账（“半成品”明细账）内。各步骤的间接费用则要先进行归集，然后采用一定的分配方法，在各步骤内部进行分配，计入各步骤的“基本生产成本”明细账（“半成品”明细账）内。

（3）先归集第一步生产费用并计算第一步半成品成本，然后随半成品实物转入第二步“基本

生产成本”明细账内，加上第二步发生的直接材料、直接人工、间接制造费用，求得第二步半成品成本，再随其实物转入第三步，依次逐步结转，直至最后计算出产成品成本。

（4）各生产步骤“基本生产成本”明细账中归集的各项生产费用（包括所耗用上一步半成品的费用）要在完工半成品（最后一步为产成品）与本步骤月末在产品之间进行分配，以便计算出完工半成品（最后一步为产成品）的总成本和单位成本。

企业各步骤所生产的半成品，不仅可由本企业下一步的生产车间继续加工，而且还可以作为商品对外销售，所以这类企业大多需要设置半成品仓库和“自制半成品”账户，对半成品进行生产和核算管理。采用逐步结转分步法，应视企业完工的半成品是否验收入库而采取不同的成本核算程序。

半成品不通过半成品仓库收发的成本核算程序如图 11-2-1 所示。

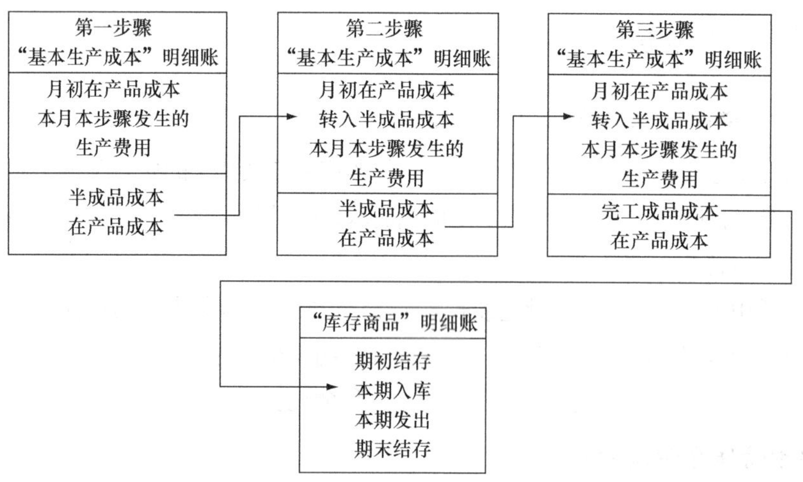

图 11-2-1　半成品不通过半成品仓库收发的成本核算程序

半成品通过半成品仓库收发的成本核算程序如图 11-2-2 所示。

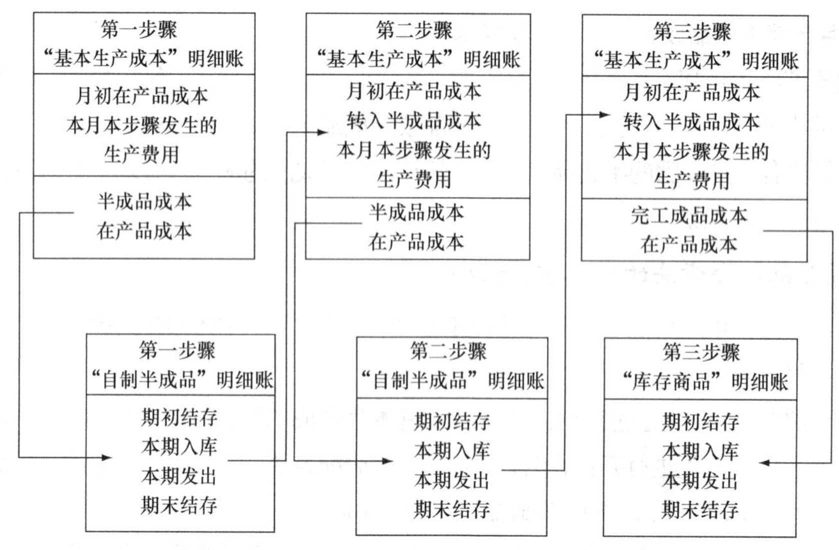

图 11-2-2　半成品通过半成品仓库收发的成本核算程序

四、逐步结转分步法的种类

采用逐步结转分步法，各步骤半成品成本随着半成品实物的转移，结转到下一步骤相同产品“基本生产成本”明细账中，可以按原始成本项目分项列示，也可以按“半成品”项目综合列示。由于半成品在下一步“基本生产成本”明细账中的反映方法不同，逐步结转分步法又可分为逐步分项结转分步法和逐步综合结转分步法。

五、逐步结转分步法核算实例

1．逐步分项结转分步法

逐步分项结转分步法是将各生产步骤所耗上一步的半成品成本，按其成本项目分别计入各生产步骤产品生产成本计算单相同的成本项目内，以计算按成本项目反映的各步骤产品生产成本的方法。采用这种方法时，如果半成品是通过半成品库收发，则其“自制半成品”明细账还必须按成本项目设专栏登记。分项结转，可以按实际成本结转，也可以按计划成本结转，然后按成本项目分项调整成本差异。由于后一种做法计算工作量较大，因而一般多采用按实际成本分项结转的方法。

【例 11-2-1】 康华公司设有 3 个基本生产车间，分别为一车间、二车间和三车间。三个车间顺序生产甲产品，各车间生产的半成品均不经过半成品仓库收发，而是直接转到下一车间继续加工。即一车间投入原材料加工成 A 半成品，二车间领用 A 半成品继续加工成 B 半成品，三车间领用 B 半成品继续加工成甲产品。原材料在各车间均为生产开始时一次投入，各步骤在产品在本步骤的完工程度均为 50%，各车间完工半成品与在产品的成本均采用约当产量法分配。该公司要求计算各车间半成品的成本和产成品的成本。7 月相关资料如表 11-2-1～表 11-2-3 所示。

表 11-2-1　　　　产量情况记录表　　　　单位：台

项目	一车间（A 半成品）	二车间（B 半成品）	三车间（甲产品）
月初在产品	40	22	25
本月投产	200	180	160
本月完工	180	160	170
月末在产品	60	42	15

表 11-2-2　　　　“基本生产成本”明细分类账户期初余额　　　　单位：元

车间	产品名称	成本项目			合计
		直接材料	直接人工	制造费用	
一车间	A 半成品	40 000	12 000	16 000	68 000
二车间	B 半成品	30 000	14 000	8 000	52 000
三车间	甲产品	10 300	10 060	10 600	30 960

假设转字 1 号凭证（分配材料费）、转字 2 号凭证（分配工资）和转字 5 号凭证（分配制造费用）的转账凭证已经完成，根据转账凭证归集各车间生产费用资料如下。

表 11-2-3　　各车间生产费用资料

20××年 7 月　　单位：元

项目	成本项目			合计
	直接材料	直接人工	制造费用	
一车间	120 000	65 000	36 800	221 800
二车间	80 000	78 000	29 500	187 500
三车间	40 000	95 000	51 700	186 700

要求：采用逐步分项结转分步法核算产品成本（分配率保留两位小数）。

康华公司 7 月产品生产成本采用逐步分项结转分步法核算程序如下。

第 1 步：一车间生产费用的归集和分配。

（1）一车间生产费用的归集如表 11-2-4 所示。

表 11-2-4　　"基本生产成本"明细账

车间：一车间

产品名称：A 半成品

20××年		凭证号数		摘要	借方	成本项目		
月	日	字	号			直接材料	直接人工	制造费用
7	1			期初余额	68 000	40 000	12 000	16 000
7	31	转	1	分配材料费	120 000	120 000		
7	31	转	2	分配工资	65 000		65 000	
7	31	转	5	分配制造费用	36 800			36 800
7	31			本月生产费用合计	221 800	120 000	65 000	36 800
7	31			本月生产费用累计	289 800	160 000	77 000	52 800

（2）一车间生产费用的分配如表 11-2-5 所示。

表 11-2-5　　完工半成品和在产品成本计算表

车间：一车间　　完工产品：180 台　　投料方式：一次投料

产品名称：A 半成品　　在产品：60 台　　完工程度：50%

摘要	成本项目			合计
	直接材料	直接人工	制造费用	
期初余额（元）	40 000	12 000	16 000	68 000
本月发生生产费用（元）	120 000	65 000	36 800	221 800
本月生产费用累计（元）	160 000	77 000	52 800	221 800
在产品约当产量（台）	60	30	30	
完工 A 半成品产量（台）	180	180	180	
分配率	666.67	366.67	251.43	
完工半成品成本（元）	120 000.60	66 000.60	45 257.40	231 258.60
月末在产品成本（元）	39 999.40	10 999.40	7 542.60	58 541.40

（3）结转完工半成品成本，编制转账凭证，如表 11-2-6 所示。

表 11-2-6　　转账凭证

20××年 7 月 31 日　　转字第 6 号

摘要	总账科目	明细科目	借方金额	贷方金额	记账符号
结转完工半成品成本	基本生产成本	二车间—B 半成品	231 258.60		
		一车间—A 半成品		231 258.60	
合计			¥231 258.60	¥231 258.60	

会计主管：　复核：　记账：　审核：×××　制单：×××

（4）继续登记“生产成本”明细账，如表 11-2-7 所示。

表 11-2-7　　“基本生产成本”明细账

车间：一车间

产品名称：A 半成品

20××年		凭证号数		摘要	借方	成本项目		
月	日	字	号			直接材料	直接人工	制造费用
7	1			期初余额	68 000	40 000	12 000	16 000
7	31	转	1	分配材料费	120 000	120 000		
7	31	转	2	分配工资	65 000		65 000	
7	31	转	5	分配制造费用	36 800			36 800
7	31			本月生产费用合计	221 800	120 000	65 000	36 800
7	31			本月生产费用累计	289 800	160 000	77 000	52 800
7	31	转	6	结转完工半成品成本	−231 258.60	−120 000.60	−66 000.60	−45 257.40
7	31			月末在产品成本	58 541.40	39 999.40	10 999.40	7 542.60

第 2 步：二车间生产费用的归集和分配。

（1）二车间生产费用的归集如表 11-2-8 所示。

表 11-2-8　　“基本生产成本”明细账

车间：二车间

产品名称：B 半成品

20××年		凭证号数		摘要	借方	成本项目		
月	日	字	号			直接材料	直接人工	制造费用
7	1			期初余额	52 000	30 000	14 000	8 000
7	31	转	1	分配材料费	80 000	80 000		
7	31	转	2	分配工资	78 000		78 000	
7	31	转	5	分配制造费用	29 500			29 500
7	31	转	6	上步骤转入半成品成本	231 258.60	120 000.60	66 000.60	45 257.40
7	31			本月生产费用合计	418 758.60	200 000.60	144 000.60	74 757.40
7	31			本月生产费用累计	470 758.60	230 000.60	158 000.60	82 757.40

（2）二车间生产费用的分配如表 11-2-9 所示。

表 11-2-9　　完工半成品和在产品成本计算表

车间：二车间　　完工产品：160 台　　投料方式：一次投料

产品名称：B 半成品　　在产品：42 台　　完工程度：50%

摘要	成本项目			合计
	直接材料	直接人工	制造费用	
期初余额（元）	30 000	14 000	8 000	52 000
本月发生生产费用（元）	200 000.60	144 000.60	74 757.40	418 758.60
本月生产费用累计（元）	230 000.60	158 000.60	82 757.40	470 758.60
在产品约当产量（台）	42	21	21	
完工产品产量（台）	160	160	160	
分配率	1 138.62	872.93	457.22	
完工半成品成本（元）	182 179.20	139 668.80	73 155.20	395 003.20
月末在产品成本（元）	47 821.40	18 331.80	9 602.20	75 755.40

（3）结转完工半成品成本，编制转账凭证，如表 11-2-10 所示。

表 11-2-10　　转账凭证

20××年 7 月 31 日　　转字第 7 号

摘要	总账科目	明细科目	借方金额	贷方金额	记账符号
结转完工半成品成本	基本生产成本	三车间—甲产品	395 003.20		
		二车间—B 半成品		395 003.20	
合计			¥395 003.20	¥395 003.20	

会计主管：　　复核：　　记账：　　审核：×××　　制单：×××

（4）继续登记“生产成本”明细账，如表 11-2-11 所示。

表 11-2-11　　“基本生产成本”明细账

车间：二车间

产品名称：B 半成品

20××年		凭证号数		摘要	借方	成本项目		
月	日	字	号			直接材料	直接人工	制造费用
7	1			期初余额	52 000	30 000	14 000	8 000
7	31	转	1	分配材料费	80 000	80 000		
7	31	转	2	分配工资	78 000		78 000	
7	31	转	5	分配制造费用	29 500			29 500
7	31	转	6	上步骤转入半成品成本	231 258.60	120 000.60	66 000.60	45 257.40
7	31			本月生产费用合计	418 758.60	200 000.60	144 000.60	74 757.40
7	31			本月生产费用累计	470 758.60	230 000.60	158 000.60	82 757.40
7	31	转	7	结转完工半成品成本	−395 003.20	−182 179.20	−139 668.80	−73 155.20
7	31			月末在产品成本	75 755.40	47 821.40	18 331.80	9 602.20

第 3 步：三车间生产费用的归集和分配。

（1）三车间生产费用的归集如表 11-2-12 所示。

表 11-2-12　　“基本生产成本”明细账

车间：三车间

产品名称：甲产品

20××年		凭证号数		摘要	借方	成本项目		
月	日	字	号			直接材料	直接人工	制造费用
7	1			期初余额	30 960	10 300	10 060	10 600
7	31	转	1	分配材料费	40 000	40 000		
7	31	转	2	分配工资	95 000		95 000	
7	31	转	5	分配制造费用	51 700			51 700
7	31	转	7	上步骤转入半成品成本	395 003.20	182 179.20	139 668.80	73 155.20
7	31			本月生产费用合计	581 703.20	222 179.20	234 668.80	124 855.20
7	31			本月生产费用累计	612 663.20	232 479.20	244 728.80	135 455.20

（2）三车间生产费用的分配如表 11-2-13 所示。

表 11-2-13　　完工产品和在产品成本计算表

车间：三车间　　完工产品：170 台　　投料方式：一次投料

产品名称：甲产品　　在产品：15 台　　完工程度：50%

摘要	成本项目			合计
	直接材料	直接人工	制造费用	
期初余额（元）	10 300	10 060	10 600	30 960
本月发生生产费用（元）	222 179.20	234 668.80	124 855.20	581 703.20
本月生产费用累计（元）	232 479.20	244 728.80	135 455.20	612 663.20
在产品约当产量（台）	15	7.5	7.5	
完工产品产量（台）	170	170	170	
分配率	1 256.64	1 378.75	763.13	
完工产品成本（元）	213 628.80	234 387.50	129 732.10	577 748.40
月末在产品成本（元）	18 850.40	10 341.30	5 723.10	34 914.80

（3）结转完工产品成本，编制转账凭证，如表 11-2-14 所示。

表 11-2-14　　转账凭证

20××年 7 月 31 日　　转字第 8 号

摘要	总账科目	明细科目	借方金额	贷方金额	记账符号
结转完工产品成本	库存商品	甲产品	577 748.40		
	基本生产成本	三车间—甲产品		577 748.40	
合计			¥577 748.40	¥577 748.40	

会计主管：　　复核：　　记账：　　审核：×××　　制单：×××

（4）继续登记“生产成本”明细账，如表11-2-15所示。

表11-2-15　　“基本生产成本”明细账

车间：三车间
产品名称：甲产品

20××年		凭证号数		摘要	借方	成本项目		
月	日	字	号			直接材料	直接人工	制造费用
7	1			期初余额	30 960	10 300	10 060	10 600
7	31	转	1	分配材料费	40 000	40 000		
7	31	转	2	分配工资	95 000		95 000	
7	31	转	5	分配制造费用	51 700			51 700
7	31	转	7	上步骤转入半成品成本	395 003.20	182 179.20	139 668.80	73 155.20
7	31			本月生产费用合计	581 703.20	222 179.20	234 668.80	124 855.20
7	31			本月生产费用累计	612 663.20	232 479.20	244 728.80	135 455.20
7	31	转	8	结转完工产品成本	−577 748.40	−213 628.80	−234 387.50	−129 732.10
7	31			月末在产品成本	34 914.80	18 850.40	10 341.30	5 723.10

2. 逐步综合结转分步法

逐步综合结转分步法，是指各生产步骤耗用上一步骤的半成品成本，以其综合成本（不分成本项目）计入下一步骤成本计算单中的“直接材料”项目，或是设立“半成品”项目。采用综合结转法结转半成品成本时，一般按实际成本结转，也可按计划成本或定额成本结转。

半成品成本按实际成本结转是指各生产步骤所耗上一步骤的半成品成本，根据所耗半成品的数量乘以半成品的实际单位成本计算。由于各月所生产半成品的单位成本不同，可以采用先进先出法、加权平均法等方法计算当月耗用半成品的实际单位成本。

在计划成本或定额成本资料比较准确的企业，半成品成本也可采用计划成本或定额成本结转，但月末要计算半成品的成本差异率，将耗用半成品的计划成本调整为实际成本。

【例11-2-2】 继【例11-2-1】，要求：采用逐步综合结转分步法核算甲产品的成本（分配率保留两位小数）。

康华公司7月产品生产成本采用逐步综合结转分步法核算程序如下。

第1步：一车间生产费用的归集和分配。

（1）一车间生产费用的归集如表11-2-16所示。

表11-2-16　　“基本生产成本”明细账

车间：一车间
产品名称：A半成品

20××年		凭证号数		摘要	借方	成本项目		
月	日	字	号			直接材料	直接人工	制造费用
7	1			期初余额	68 000	40 000	12 000	16 000
7	31	转	1	分配材料费	120 000	120 000		

续表

20××年		凭证号数		摘要	借方	成本项目		
月	日	字	号			直接材料	直接人工	制造费用
7	31	转	2	分配工资	65 000		65 000	
7	31	转	5	分配制造费用	36 800			36 800
7	31			本月生产费用合计	221 800	120 000	65 000	36 800
7	31			本月生产费用累计	289 800	160 000	77 000	52 800

（2）一车间生产费用的分配如表11-2-17所示。

表11-2-17　　完工半成品和在产品成本计算表

车间：一车间　　完工产品：180台　　投料方式：一次投料
产品名称：A半成品　　在产品：60台　　完工程度：50%

摘要	成本项目			合计
	直接材料	直接人工	制造费用	
期初余额（元）	40 000	12 000	16 000	68 000
本月发生生产费用（元）	120 000	65 000	36 800	221 800
本月生产费用累计（元）	160 000	77 000	52 800	289 800
在产品约当产量（台）	60	30	30	
完工产品产量（台）	180	180	180	
分配率	666.67	366.67	251.43	
完工半成品成本（元）	120 000.60	66 000.60	45 257.40	231 258.60
月末在产品成本（元）	39 999.40	10 999.40	7 542.60	58 541.40

（3）结转完工半成品成本，编制转账凭证，如表11-2-18所示。

表11-2-18　　转账凭证

20××年7月31日　　转字第 6 号

摘要	总账科目	明细科目	借方金额	贷方金额	记账符号
结转完工半成品成本	基本生产成本	二车间—B半成品	231 258.60		
		一车间—A半成品		231 258.60	
合计			¥231 258.60	¥231 258.60	

会计主管：　　复核：　　记账：　　审核：×××　　制单：×××

（4）继续登记“生产成本”明细账，如表11-2-19所示。

表 11-2-19　　“基本生产成本”明细账

车间：一车间
产品名称：A 半成品

20××年		凭证号数		摘要	借方	成本项目		
月	日	字	号			直接材料	直接人工	制造费用
7	1			期初余额	68 000	40 000	12 000	16 000
7	31	转	1	分配材料费	120 000	120 000		
7	31	转	2	分配工资	65 000		65 000	
7	31	转	5	分配制造费用	36 800			36 800
7	31			本月生产费用合计	221 800	120 000	65 000	36 800
7	31			本月生产费用累计	289 800	160 000	77 000	52 800
7	31	转	6	结转完工半成品成本	−231 258.60	−120 000.60	−66 000.60	−45 257.40
7	31			月末在产品成本	58 541.40	39 999.40	10 999.40	7 542.60

第 2 步：二车间生产费用的归集和分配。

（1）二车间生产费用的归集如表 11-2-20 所示。

表 11-2-20　　“基本生产成本”明细账

车间：二车间
产品名称：B 半成品

20××年		凭证号数		摘要	借方	成本项目			
月	日	字	号			半成品	直接材料	直接人工	制造费用
7	1			期初余额	52 000		30 000	14 000	8 000
7	31	转	1	分配材料费	80 000		80 000		
7	31	转	2	分配工资	78 000			78 000	
7	31	转	5	分配制造费用	29 500				29 500
7	31	转	6	上步骤转入半成品成本	231 258.60	231 258.60			
7	31			本月生产费用合计	418 758.60	231 258.60	80 000	78 000	29 500
7	31			本月生产费用累计	470 758.60	231 258.60	110 000	92 000	37 500

（2）二车间生产费用的分配如表 11-2-21 所示。

表 11-2-21　　完工半成品和在产品成本计算表

车间：二车间　　完工产品：160 台　　投料方式：一次投料
产品名称：B 半成品　　在产品：42 台　　完工程度：50%

摘要	成本项目				合计
	半成品	直接材料	直接人工	制造费用	
期初余额（元）		30 000	14 000	8 000	52 000
本月发生生产费用（元）	231 258.60	80 000	78 000	29 500	418 758.60

续表

摘要	成本项目				合计
	半成品	直接材料	直接人工	制造费用	
本月生产费用累计（元）	231 258.60	110 000	92 000	37 500	470 758.60
在产品约当产量（台）	42	42	21	21	
完工产品产量（台）	160	160	160	160	
分配率	1 144.84	544.55	508.29	207.18	
完工半成品成本（元）	183 174.40	87 128	81 326.40	33 148.80	384 777.60
月末在产品成本（元）	48 084.20	22 872	10 673.60	4 351.20	85 981

（3）结转完工半成品成本，编制转账凭证，如表 11-2-22 所示。

表 11-2-22　　转账凭证

20××年 7 月 31 日　　转字第 7 号

摘要	总账科目	明细科目	借方金额	贷方金额	记账符号
结转完工半成品成本	基本生产成本	三车间—甲产品	384 777.60		
		二车间—B 半成品		384 777.60	
合计			¥384 777.60	¥384 777.60	

会计主管：　复核：　记账：　审核：×××　制单：×××

（4）继续登记“生产成本”明细账，如表 11-2-23 所示。

表 11-2-23　　“基本生产成本”明细账

车间：二车间

产品名称：B 半成品

20××年		凭证号数		摘要	借方	成本项目			
月	日	字	号			半成品	直接材料	直接人工	制造费用
7	1			期初余额	52 000		30 000	14 000	8 000
7	31	转	1	分配材料费	80 000		80 000		
7	31	转	2	分配工资	78 000			78 000	
7	31	转	5	分配制造费用	29 500				29 500
7	31	转	6	上步骤转入半成品成本	231 258.60	231 258.60			
7	31			本月生产费用合计	418 758.60	231 258.60	80 000	78 000	29 500
7	31			本月生产费用累计	470 758.60	231 258.60	110 000	92 000	37 500
7	31	转	7	结转完工半成品成本	−384 777.60	−183 174.40	−87 128	−81 326.40	−33 148.80
7	31			月末在产品成本	85 981	48 084.20	22 872	10 673.60	4 351.20

第 3 步：三车间生产费用的归集和分配。

（1）三车间生产费用的归集如表 11-2-24 所示。

表 11-2-24　　“基本生产成本”明细账

车间：三车间
产品名称：甲产品

20××年		凭证号数		摘要	借方	成本项目			
月	日	字	号			半成品	直接材料	直接人工	制造费用
7	1			期初余额	30 960		10 300	10 060	10 600
7	31	转	1	分配材料费	40 000		40 000		
7	31	转	2	分配工资	95 000			95 000	
7	31	转	5	分配制造费用	51 700				51 700
7	31	转	7	上步骤转入半成品成本	384 777.60	384 777.60			
7	31			本月生产费用合计	571 477.60	384 777.60	40 000	95 000	51 700
7	31			本月生产费用累计	602 437.60	384 777.60	50 300	105 060	62 300

（2）三车间生产费用的分配如表 11-2-25 所示。

表 11-2-25　　完工半成品和在产品成本计算表

车间：三车间　　完工产品：170 台　　投料方式：一次投料
产品名称：甲产品　　在产品：15 台　　完工程度：50%

摘要	成本项目				合计
	半成品	直接材料	直接人工	制造费用	
期初余额（元）		10 300	10 060	10 600	30 960
本月发生生产费用（元）	384 777.60	40 000	95 000	51 700	209 572
本月生产费用累计（元）	384 777.60	50 300	105 060	62 300	240 532
在产品约当产量（台）	15	15	7.5	7.5	
完工产品产量（台）	170	170	170	170	
分配率	2 079.88	271.89	591.89	350.99	
完工产品成本（元）	353 579.60	46 221.30	100 621.30	59 668.30	560 090.50
月末在产品成本（元）	31 198	4 078.70	4 438.70	2 631.70	42 347.10

（3）结转完工产品成本，编制转账凭证，如表 11-2-26 所示。

表 11-2-26　　转账凭证

20××年 7 月 31 日　　转字第 8 号

摘要	总账科目	明细科目	借方金额	贷方金额	记账符号
结转完工产品成本	库存商品	甲产品	560 090.50		
	基本生产成本	三车间—甲产品		560 090.50	
合计			¥560 090.50	¥560 090.50	

会计主管：　　复核：　　记账：　　审核：×××　　制单：×××

（4）继续登记“生产成本”明细账，如表 11-2-27 所示。

表 11-2-27　“基本生产成本”明细账

车间：三车间
产品名称：甲产品

20××年		凭证号数		摘要	借方	成本项目			
月	日	字	号			半成品	直接材料	直接人工	制造费用
7	1			期初余额	30 960		10 300	10 060	10 600
7	31	转	1	分配材料费	40 000		40 000		
7	31	转	2	分配工资	95 000			95 000	
7	31	转	5	分配制造费用	51 700				51 700
7	31	转	7	上步骤转入半成品成本	384 777.60	384 777.60			
7	31			本月生产费用合计	571 477.60	384 777.60	40 000	95 000	51 700
7	31			本月生产费用累计	602 437.60	384 777.60	50 300	105 060	62 300
7	31	转	8	结转完工产品成本	−560 090.50	−353 579.60	−46 221.30	−100 621.30	−59 668.30
7	31			月末在产品成本	42 347.10	31 198	4 078.70	4 438.70	2 631.70

从【例 11-2-2】可以看出，在综合结转分步法下，上一步骤转入下一步骤的半成品不是分项成本，而是综合成本，表现在产成品成本中的绝大部分费用必然是“半成品”费用，而直接人工和制造费用只是最后一个步骤的费用，不能反映出产品成本结构的实际情况。为了正确反映产品成本的构成，以利于成本的对比分析，需要将产成品成本中的“半成品”综合成本项目进行成本还原。

成本还原是指将产品成本中的“半成品”项目的成本逐步分解为“直接材料”“直接人工”“制造费用”等原始成本项目，以求得按原始成本项目反映的产成品成本资料的方法。

成本还原的程序，一般是从最后一个生产步骤开始，将各步骤所耗上一步骤“半成品”逐步还原，直至还原到第一步骤。

成本还原的方法有成本项目比重还原法和还原分配率法两种。

（1）成本项目比重还原法：成本项目比重还原法是指半成品按上一步骤完工“半成品”中各成本项目占其全部成本的比重进行还原。

【例 11-2-3】 继【例 11-2-2】结果，三车间完工甲产品 170 台的总成本为 560 090.50 元，其中的“半成品”成本为 353 579.60 元，需要逐步还原为所耗二车间和一车间的“直接材料”“直接人工”和“制造费用”等原始成本项目。要求：采用成本项目比重还原法，求出甲产品实际成本项目构成（分配比重保留三位小数）。

采用成本项目比重还原法的计算过程如表 11-2-28 所示。

表 11-2-28　　产品成本还原计算表

（成本项目比重还原法）

产品：甲产品　　完工产品数量：170 台

项目	半成品	直接材料	直接人工	制造费用	合计
还原前完工产品成本（元）	353 579.60	46 221.30	100 621.30	59 668.30	560 090.50
二车间本月完工（元）	183 174.40	87 128.00	81 326.40	33 148.80	384 777.60
二车间半成品成本项目比重	0.476	0.226	0.211	0.087	1
半成品成本—二车间（元）	168 303.89	79 908.99	74 605.30	30 761.42	353 579.60
一车间本月完工（元）		120 000.60	66 000.60	45 257.40	231 258.60
一车间半成品成本项目比重		0.519	0.285	0.196	1
半成品成本——车间（元）		87 349.72	47 966.61	32 987.56	168 303.89
还原后完工产品成本（元）		213 480.01	223 193.21	123 417.28	560 090.50
还原后产品单位成本（元）		1 255.76	1 312.90	725.99	3 294.65

经过上面的成本还原计算，可以获得甲产品按原始成本项目反映的产成品成本资料。

（2）还原分配率法：还原分配率法是以上一步骤完工半成品成本为标准，分配本步骤所耗上一步骤“半成品”成本的一种还原方法。其计算公式为

$$还原分配率=\frac{本步骤所耗上一步骤“半成品”成本}{上一步骤完工半成品成本}$$

本步骤还原后各成本项目成本＝上一步骤完工半成品成本项目成本×还原分配率

【例 11-2-4】 继【例 11-2-2】结果，三车间完工甲产品 170 台的总成本为 560 090.50 元，其中的“半成品”成本为 353 579.60 元，需要将其逐步还原为所耗二车间和一车间的“直接材料”“直接人工”和“制造费用”等原始成本项目。要求：采用还原分配率法，求出甲产品实际成本项目构成（还原分配率保留三位小数）。

采用还原分配率法计算过程如表 11-2-29 所示。

表 11-2-29　　产品成本还原计算表

（还原分配率法）

产品：甲产品　　完工产品数量：170 台　　单位：元

项目	还原分配率	半成品	直接材料	直接人工	制造费用	合计
还原前完工产品成本		353 579.60	46 221.30	100 621.30	59 668.30	560 090.50
二车间本月完工半成品成本		183 174.40	87 128.00	81 326.40	33 148.80	384 777.60
	0.919	168 337.27	80 070.63	74 738.96	30 432.74	353 579.60
一车间本月完工半成品成本			120 000.60	66 000.60	45 257.40	231 258.60
	0.728		87 360.44	48 048.44	32 928.39	168 337.27
还原后完工产品成本			213 652.37	223 408.70	123 029.43	560 090.50
还原后产成品单位成本			1 256.78	1 314.17	723.70	3 294.65

经过上面的成本还原计算，可以获得甲产品按原始成本项目反映的产成品成本资料。

六、逐步结转分步法的优、缺点

逐步分项结转分步法的优点是可以直接提供按原始成本项目反映的成本资料，不需要进行成

本还原；缺点是成本结转工作量较大，特别是各步骤自制半成品在通过半成品仓库收发时，“自制半成品”明细账要按成本项目分别登记，工作复杂。

逐步综合结转分步法的优点是半成品成本的结转和登记工作简便，各生产步骤的“生产成本”明细账中设专项反映所耗半成品成本，便于考核和分析完工产品成本中所耗半成品成本；缺点是成本还原工作比较复杂，从而增加了核算的工作量。

11.3 平行结转分步法

一、平行结转分步法的含义及适用范围

平行结转分步法也称为不计算半成品成本的分步法，它是指各生产步骤不计算所生产半成品的成本，也不计算各步骤所耗用上一步的半成品的成本，而只是计算本步骤发生的其他各项费用以及这些费用中应计入产成品成本的份额，然后，将各步骤应计入同一产品成本的份额通过平行结转汇总来计算出产成品成本的一种方法。

这种方法适用于不需要计算半成品成本的连续式多步骤生产企业和大量、大批装配式生产企业。不需要计算半成品成本的连续式、多步骤生产企业的特点是，各步骤生产的半成品往往无独立经济意义，或虽有半成品但不要求单独计算半成品成本，如砖瓦厂、瓷厂等。大量、大批装配式生产企业的特点是，生产过程是先将各种原材料平行地加工为各种零部件，然后再装配成各种产成品，如电子产品制造企业，由多个生产步骤平行生产多种电子元配件，然后转入装配成电子产品。这类企业各步骤生产的半成品种类多，半成品对外单独出售的情况较少，在管理上也不要求计算半成品的成本。为了简化成本核算工作，可以不计算各生产步骤生产的半成品成本，也不计算下一步骤耗用的上一步骤半成品的成本。

二、平行结转分步法的特点

1. 各生产步骤不计算半成品成本

各生产步骤只归集本生产步骤发生的原材料和加工费用，不计算半成品成本。不论半成品是通过半成品仓库收发，还是在各加工步骤之间直接转移，都不通过“自制半成品”账户进行成本计算。

2. 各生产步骤之间不结转半成品成本

在生产过程中，上一生产步骤半成品实物转入下一生产步骤继续加工时，自制半成品的成本不随同实物转移而进行成本的结转。

3. 计算各生产步骤应计入产成品成本的份额

月末各生产步骤归集的生产费用应在完工产品成本与月末在产品成本之间进行分配，以确定各生产步骤应计入完工产品的生产费用份额。这里所说的“在产品”是从整个企业的角度来看的，是广义的在产品。它由两部分组成：一是月末各生产步骤尚未完工的在产品，即狭义的在产品；二是月末各生产步骤已生产完工，并已转交给以后生产步骤，或已转入半成品仓库，但尚未形成产成品的所有半成品。月末将各生产步骤归集的生产费用在完工产品成本与广义的在产品成本之间进行分配，可以采用在产品按定额成本计算法、定额比例计算法和约当产量计算法等。

三、平行结转分步法的成本核算程序

（1）按照产品的生产步骤和产品的品种开设“生产成本”明细账和产品成本计算单，并按成本项目开设专栏。各步骤的“生产成本”明细账只归集本步骤发生的生产费用，但不包括耗用上一步骤半成品的成本。

（2）月末将各步骤归集的生产费用在完工产成品与广义的在产品成本之间进行分配，计算各步骤费用应计入产成品成本的份额。

（3）将各步骤费用应计入产成品成本的份额按成本项目进行平行汇总，汇总计算产成品的总成本及单位成本。平行结转分步法的计算程序如图 11-3-1 所示。

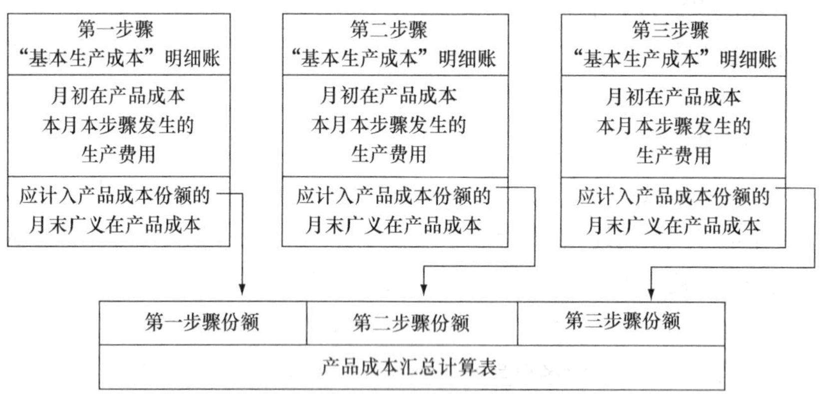

图 11-3-1　平行结转分步法的成本核算程序

四、广义在产品和计入产品成本份额的计算

广义在产品和计入产品成本份额的计算公式为

$$广义在产品=后续各步骤期末在产品数量+该步骤期末在产品折合该步骤半成品的约当产量$$

$$某步骤广义约当产量=最终完工产品数量+后续各步骤期末在产品数量+该步骤期末在产品折合该步骤半成品的约当产量$$

$$某步骤费用分配率=\frac{该步骤月初在产品费用+该步骤本月生产费用}{该步骤广义约当产量}$$

$$某步骤应计入产成品成本的份额=完工产成品数量\times费用分配率$$

$$某步骤月末在产品成本=该步骤月初在产品费用+该步骤本月生产费用-该步骤应计入产成品成本的份额$$

五、平行结转分步法核算实例

【例 11-3-1】 康华公司设有三个基本生产车间，分别为一车间、二车间和三车间。三个车间顺序生产甲产品，各车间生产的半成品均不经过半成品仓库收发，直接转到下一车间继续加工。即一车间投入原材料加工成 A 半成品，二车间领用 A 半成品继续加工成 B 半成品，三车间领用 B 半成品继续加工成甲产品。原材料在各车间均为生产开始时一次投入，各步骤在产品在本步骤的完工程度均为 50%，各车间完工半成品与在产品的成本均采用约当产量法分配。该公司在管理上不要求计算各车间半成品的成本。7 月相关资料如表 11-3-1～表 11-3-3 所示。

表 11-3-1　　　产量情况记录表　　　单位：台

项目	一车间（A 半成品）	二车间（B 半成品）	三车间（甲产品）
月初在产品	40	22	25
本月投产	200	180	160
本月完工	180	160	170
月末在产品	60	42	15

表 11-3-2　　　"生产成本"明细分类账户期初余额　　　单位：元

车间	产品名称	成本项目			合计
		直接材料	直接人工	制造费用	
一车间	A 半成品	40 000	12 000	16 000	68 000
二车间	B 半成品	30 000	14 000	8 000	52 000
三车间	甲产品	10 300	10 060	10 600	30 960

根据转字 1 号凭证（分配材料费）、转字 2 号凭证（分配工资）和转字 5 号凭证（分配制造费用）的转账凭证已经完成，根据转账凭证归集各车间生产费用资料如下。

表 11-3-3　　　各车间生产费用资料　　　单位：元

项目	成本项目			合计
	直接材料	直接人工	制造费用	
一车间	120 000	65 000	36 800	221 800
二车间	80 000	78 000	29 500	187 500
三车间	40 000	95 000	51 700	186 700

要求：采用平行结转分步法计算产品成本（分配率保留两位小数）。

康华公司 7 月产品生产成本采用平行结转分步法核算程序如下。

第 1 步：一车间生产费用的归集和分配。

（1）一车间生产费用的归集如表 11-3-4 所示。

表 11-3-4　　　"基本生产成本"明细账

车间：一车间

产品名称：A 半成品

20××年		凭证号数		摘要	借方	成本项目		
月	日	字	号			直接材料	直接人工	制造费用
7	1			期初余额	68 000	40 000	12 000	16 000
7	31	转	1	分配材料费	120 000	120 000		
7	31	转	2	分配工资	65 000		65 000	

续表

20××年		凭证号数		摘要	借方	成本项目		
月	日	字	号			直接材料	直接人工	制造费用
7	31	转	5	分配制造费用	36 800			36 800
7	31			本月生产费用合计	221 800	120 000	65 000	36 800
7	31			本月生产费用累计	289 800	160 000	77 000	52 800

（2）一车间生产费用的分配如表 11-3-5 所示。

表 11-3-5　　完工半成品和在产品成本计算表

车间：一车间　　完工产品：180 台　　投料方式：一次投料

产品名称：A 半成品　　在产品：60 台　　完工程度：50%

摘要	成本项目			合计
	直接材料	直接人工	制造费用	
期初余额（元）	40 000	12 000	16 000	68 000
本月发生生产费用（元）	120 000	65 000	36 800	221 800
本月生产费用累计（元）	160 000	77 000	52 800	289 800
在产品约当产量（台）	117	87	87	
完工产品产量（台）	170	170	170	
分配率	557.49	299.61	205.45	
应计入甲产品的份额（元）	94 773.30	50 933.70	34 926.50	180 633.50
月末在产品成本（元）	65 226.70	26 066.30	17 873.50	109 166.50

第 2 步：二车间生产费用的归集和分配。

（1）二车间生产费用的归集如表 11-3-6 所示。

表 11-3-6　　“基本生产成本”明细账

车间：二车间

产品名称：B 半成品

20××年		凭证号数		摘要	借方	成本项目		
月	日	字	号			直接材料	直接人工	制造费用
7	1			期初余额	52 000	30 000	14 000	8 000
7	31	转	1	分配材料费	80 000	80 000		
7	31	转	2	分配工资	78 000		78 000	
7	31	转	5	分配制造费用	29 500			29 500
7	31			本月生产费用合计	187 500	80 000	78 000	29 500
7	31			本月生产费用累计	239 500	110 000	92 000	37 500

（2）二车间生产费用的分配如表 11-3-7 所示。

表 11-3-7　　完工半成品和在产品成本计算表

车间：二车间　　完工产品：160 台　　投料方式：一次投料

产品名称：B 半成品　　在产品：42 台　　完工程度：50%

摘要	成本项目			合计
	直接材料	直接人工	制造费用	
期初余额（元）	30 000	14 000	8 000	52 000
本月发生生产费用（元）	80 000	78 000	29 500	187 500
本月生产费用累计（元）	110 000	92 000	37 500	239 500
在产品约当产量（台）	57	36	36	
完工产品产量（台）	170	170	170	
分配率	484.58	446.60	182.04	
应计入甲产品的份额（元）	82 378.60	75 922	30 946.80	189 247.40
月末在产品成本（元）	27 621.40	16 078	6 553.20	50 252.60

第 3 步：三车间生产费用的归集和分配。

（1）三车间生产费用的归集如表 11-3-8 所示。

表 11-3-8　　“基本生产成本”明细账

车间：三车间

产品名称：甲产品

20××年		凭证号数		摘要	借方	成本项目		
月	日	字	号			直接材料	直接人工	制造费用
7	1			期初余额	30 960	10 300	10 060	10 600
7	31	转	1	分配材料费	40 000	40 000		
7	31	转	2	分配工资	95 000		95 000	
7	31	转	5	分配制造费用	51 700			
7	31			本月生产费用合计	186 700	40 000	95 000	51 700
7	31			本月生产费用累计	217 660	50 300	105 060	62 300

（2）三车间生产费用的分配如表 11-3-9 所示。

表 11-3-9　　完工产品和在产品成本计算表

车间：三车间　　完工产品：170 台　　投料方式：一次投料

产品名称：甲产品　　在产品：15 台　　完工程度：50%

摘要	成本项目			合计
	直接材料	直接人工	制造费用	
期初余额（元）	10 300	10 060	10 600	30 960
本月发生生产费用（元）	40 000	95 000	51 700	186 700

续表

摘要	成本项目			合计
	直接材料	直接人工	制造费用	
本月生产费用累计（元）	50 300	105 060	62 300	217 660
在产品约当产量（台）	15	7.5	7.5	
完工产品产量（台）	170	170	170	
分配率	271.89	591.89	350.99	
应计入甲产品的份额（元）	46 221.30	100 621.30	59 668.30	206 510.90
月末在产品成本（元）	4 078.70	4 438.70	2 631.70	11 149.10

第 4 步：汇总甲产品生产成本。

（1）将三个车间的成本平行汇总，计算出甲产品的生产总成本和单位成本，如表 11-3-10 所示。

表 11-3-10　　产品成本汇总计算表

产品名称：甲产品　　完工产品：170　　单位：元

项目	直接材料	直接人工	制造费用	合计
一车间计入甲产品成本份额	94 773.30	50 933.70	34 926.50	180 633.50
二车间计入甲产品成本份额	82 378.60	75 922	30 946.80	189 247.40
三车间计入甲产品成本份额	46 221.30	100 621.30	59 668.30	206 510.90
完工产品成本	223 373.20	227 477	125 541.60	576 391.80
单位成本	1 313.96	1 338.10	738.48	3 390.54

（2）根据产品成本汇总表编制转账凭证，如表 11-3-11 所示。

表 11-3-11　　转账凭证

20××年 7 月 10 日　　转字第 6 号

摘要	总账科目	明细科目	借方金额	贷方金额	记账符号
结转完工产品成本	库存商品	甲产品	576 391.80		
	基本生产成本	一车间—A 半成品		180 633.50	
		二车间—B 半成品		189 247.40	
		三车间—甲产品		206 510.90	
合计			¥576 391.80	¥576 391.80	

会计主管：　　复核：　　记账：　　审核：×××　　制单：×××

（3）继续登记各车间“生产成本”明细账，如表 11-3-12～表 11-3-14 所示。

表 11-3-12 “基本生产成本”明细账

车间：一车间

产品名称：A 半成品

20××年		凭证号数		摘要	借方	成本项目		
月	日	字	号			直接材料	直接人工	制造费用
7	1			期初余额	68 000	40 000	12 000	16 000
7	31	转	1	分配材料费	120 000	120 000		
7	31	转	2	分配工资	65 000		65 000	
7	31	转	5	分配制造费用	36 800			36 800
7	31			本月生产费用合计	221 800	120 000	65 000	36 800
7	31			本月生产费用累计	289 800	160 000	77 000	52 800
7	31	转	6	应计入甲产品的份额	−180 633.50	−94 773.30	−50 933.70	−34 926.50
7	31			月末在产品成本	109 166.50	65 226.70	26 066.30	17 873.50

表 11-3-13 “基本生产成本”明细账

车间：二车间

产品名称：B 半成品

20××年		凭证号数		摘要	借方	成本项目		
月	日	字	号			直接材料	直接人工	制造费用
7	1			期初余额	52 000	30 000	14 000	8 000
7	31	转	1	分配材料费	80 000	80 000		
7	31	转	2	分配工资	78 000		78 000	
7	31	转	5	分配制造费用	29 500			29 500
7	31			本月生产费用合计	187 500	80 000	78 000	29 500
7	31			本月生产费用累计	239 500	110 000	92 000	37 500
7	31	转	6	应计入甲产品的份额	−189 247.40	−82 378.60	−75 922	−30 946.80
7	31			月末在产品成本	50 252.60	27 621.40	16 078	6 553.20

表 11-3-14 “基本生产成本”明细账

车间：三车间

产品名称：甲产品

20××年		凭证号数		摘要	借方	成本项目		
月	日	字	号			直接材料	直接人工	制造费用
7	1			期初余额	30 960	10 300	10 060	10 600
7	31	转	1	分配材料费	40 000	40 000		
7	31	转	2	分配工资	95 000		95 000	
7	31	转	5	分配制造费用	51 700			
7	31			本月生产费用合计	186 700	40 000	95 000	51 700
7	31			本月生产费用累计	217 660	50 300	105 060	62 300
7	31	转	6	应计入甲产品的份额	−206 510.90	−46 221.30	−100 621.30	−59 668.30
7	31			月末在产品成本	11 149.10	4 078.70	4 438.70	2 631.70

六、平行结转分步法的优、缺点

1. 平行结转分步法的优点

（1）各生产步骤可以同时计算本步骤应计入完工产品成本的份额，汇总各步骤的份额后，就可以计算出完工产品的成本，避免了逐步结转半成品成本，从而简化并加快了成本计算工作。

（2）能够直接按成本的原始项目反映产品成本的构成，不必进行成本还原，节省了大量的计算工作，有利于及时提供成本信息。

2. 平行结转分步法的缺点

（1）由于不能反映各生产步骤半成品的成本，因此，难以全面反映各生产步骤实际耗费的生产费用水平，不利于各生产步骤的成本管理、分析和考核。

（2）各生产步骤完工的半成品，作为广义在产品，其成本仍保留在原生产步骤中，造成半成品实物转移与资金转移不一致，不利于各生产步骤的实物管理与资金管理。

项目十二 产品成本核算的辅助方法

知识目标：

- ✧ 理解分类法的概念、特点及适用范围
- ✧ 理解定额法的概念、特点及适用范围
- ✧ 掌握分类法的核算方法
- ✧ 掌握定额法的核算方法

技能目标：

- ✧ 能够正确判断分类法的适用条件
- ✧ 能够正确判断定额法的适用条件
- ✧ 能够运用分类法核算产品成本
- ✧ 能够运用定额法核算产品成本

项目导言：

分类法是以产品的类别为成本核算对象来归集费用，核算出各类产品实际成本，再在类内产品之间进行成本分配，核算出类内各种产品成本的一种方法。定额法是以产品的品种为成本核算对象，以产品定额成本为基础，加减定额差异和定额变动差异，核算产品实际成本的一种方法。分类法与定额法都是产品成本核算的辅助方法，其核算方法的使用必须与成本核算的三种基本方法相结合。

12.1 分类法

一、分类法的概念和特点

产品成本核算的分类法是以产品的类别为成本核算对象来归集费用，计算出各类产品实际成

本，再在类内产品之间进行成本分配，计算出类内各种产品成本的一种方法。分类法具有以下特点。

1. 成本核算对象

分类法的成本核算对象是产品的类别，按类别开设“生产成本”明细账，归集各类产品的生产费用。

2. 成本计算期

分类法是一种辅助的成本核算方法，它必须与成本核算的三种基本方法结合使用。如果是大批量生产，应结合品种法或分步法定期在月末进行成本计算；如果与分批法结合，则成本计算期不固定，与生产周期一致。

3. 生产费用在完工产品与在产品之间的分配

月末一般要将各类产品的生产费用总和在完工产品与在产品之间进行分配，然后采用一定的方法，再在类内产品之间进行成本分配。

二、分类法的适用范围

分类法主要适用于产品品种、规格、型号繁多，并且可以按照一定要求和标准划分类别的生产企业进行成本核算。分类法与企业的生产类型没有直接关系，只要企业的产品可以按照其性质、用途、生产工艺过程和原材料消耗等方面的特点划分为一定类别就可以采用分类法进行成本核算。例如，同类产品、联产品、副产品和等级产品的成本核算等都可以采用分类法。

1. 同类产品

同类产品是指企业生产的各种结构、性质、用途以及使用的原材料、生产工艺过程等大体相同，而规格和型号不一的产品，如钢铁厂生产的各种型号和规格的钢锭、钢坯和钢材；灯泡厂生产的各种不同类别和功率的灯泡；食品厂生产的各种饼干、糖果、面包等。

2. 联产品

联产品是企业使用同样的原材料，在同一生产过程中，同时生产出两种或两种以上具有不同使用价值的主要产品，如石油炼制中，原油经过蒸馏后，同时提炼出汽油、煤油和柴油等几种主要产品。

3. 副产品

副产品是指企业在生产主要产品的过程中附带生产出的一些非主要产品，如制皂厂在生产中产生的甘油；面粉厂在生产中产生的麸皮等。

4. 等级品

等级品是按照产品的不同质量，在产品检验时分为不同等级、制定不同的售价的产品。等级品的成本可能相同，也可能不同。

三、分类法的优、缺点和应用条件

采用分类法进行成本核算时，领料单、工时记录等原始凭证和原始记录可以只按产品类别填列，在各种费用分配表中可以只按产品类别分配费用，产品“成本”明细账可以只按产品类别开立，从而不仅能简化成本核算工作，而且能够在产品品种、规格繁多的情况下，分类掌握产品成本的情况。但是，由于在类内各种产品成本的核算中，不论是间接计入的费用还是可以直接计入的费用，都是以一定的分配标准按比例进行分配的，因而，计算结果具有一定的假定性。

采用分类法计算产品成本时，首先，应当注意产品分类的合理性。其次，应注意类内产品成本分配方法的合理性。选定适当的产品分类和为各类产品选择适当的类内费用的分配标准（或系数）是分类法得以恰当应用的前提条件。在产品的分类上，应以所耗原材料和工艺技术过程是否相近为标准。因为所耗原材料和工艺技术过程相近的各种产品，成本水平也往往接近。在对产品分类时，类距既不能定得过小，使成本核算工作复杂化；也不能定得过大，造成成本计算上的“大锅烩”，影响成本计算的正确性。在产品结构、所耗原材料或工艺技术发生较大变动时，应及时修订分配系数，或另选分配标准，以保证成本计算的正确性。

四、分类法的成本核算程序

分类法的成本核算程序如下。

（1）划分产品大类，合理确定产品类别。将产品按照性质、结构、用途、生产工艺过程或所耗用原材料的不同划分为若干类别，如鞋厂可以按照耗用原材料的不同将产品分为布鞋、皮鞋和塑料鞋三个类别。

（2）以产品的类别作为成本核算对象，设置“生产成本”明细账，归集生产费用，计算出每类产品的总成本。在归集过程中，如果能判断出该费用是哪类产品耗用的费用就直接将其计入该类产品成本中；否则，对于共同耗用的费用应先通过“制造费用”账户进行归集，月末再采用一定的方法分配计入各类产品成本中。

（3）选择适当的分配方法，将各类产品的生产费用在各类完工产品与月末该类在产品之间进行分配，计算出各类完工产品的总成本。

（4）选择适当的分配标准，将每类产品的成本在类内各种产品之间进行分配，计算出类内各种产品的成本。

在类内各种产品之间分配费用，各成本项目可以按同一个分配标准进行，也可以根据各成本项目的性质，分别按照不同的分配标准进行。例如，原材料费用可以按照原材料定额消耗量或原材料定额费用比例进行分配，直接人工等其他费用可以按照定额工时比例进行分配。为了简化分配工作，也可以将分配标准折算成相对固定的系数，按照固定的系数分配同类产品内各种产品的成本。系数一旦确定，可以在较长的时间里使用。按照系数分配同类产品内各种产品成本的方法称为系数法。

确定系数时，一般在同类产品内选择一种产量较大、生产较稳定或规格折中的产品作为标准产品，将这种产品的系数确定为“1”，再用其他各种产品的分配标准额分别与标准产品的分配标准额相比较，计算出其他各种产品的分配标准额与标准产品的分配标准额的比率，即系数。系数一经确定，应相对稳定，不得随意变更。每种产品的系数确定后，将类内各种产品的实际产量分别乘以该种产品的系数，折算成为总系数（又称标准产量）。有了分配标准，计算出费用分配率以后，即可计算类内各种产品的实际总成本和单位成本。

$$某产品系数=\frac{某种产品的分配标准额（售价、定额消耗量、体积等）}{类内标准产品的分配标准（售价、定额消耗量、体积等）}$$

某种产品总系数（标准产量）＝该产品实际产量×该产品系数

$$费用分配率=\frac{应分配成本总额}{各种产品总系数之和}$$

某产品应分配费用＝该产品总系数×费用分配率

五、分类法的成本核算应用举例

1. 同类产品

【例 12-1-1】 康华公司有两个基本生产车间，大量生产6种不同规格型号（1～6号）的产品。根据产品结构特点和所耗用原材料、工艺技术过程的不同，可以将6种产品分为甲、乙两大类。甲类产品包括1～3号产品，乙类产品包括4～6号产品。该企业在成本核算时先采用品种法计算出甲、乙两大类产品完工产品的总成本，然后采用系数法计算出类内产品的成本。该企业9月份有关成本和产量资料如下。

（1）甲、乙两类产品本月完工产品总成本和月末在产品成本如表12-1-1和表12-1-2所示。两类产品的生产费用在完工产品和月末在产品之间的分配，采用的都是月末在产品按所耗原材料定额成本计算的方法，加工费用等全部由完工产品负担。

表 12-1-1　　产品成本计算单

产品：甲类产品　　20××年9月　　单位：元

项目	直接材料	直接人工	制造费用	合计
月初在产品成本	2 000			2 000
本月生产费用	80 000	10 000	8 000	98 000
合计	82 000	10 000	8 000	100 000
月末在产品定额成本	1 000			1 000
完工产品总成本	81 000	10 000	8 000	99 000

表 12-1-2　　产品成本计算单

产品：乙类产品　　20××年9月　　单位：元

项目	直接材料	直接人工	制造费用	合计
月初在产品成本	1 500			1 500
本月生产费用	60 000	15 000	10 000	85 000
合计	61 500	15 000	10 000	86 500
月末在产品定额成本	1 600			1 600
完工产品总成本	59 900	15 000	10 000	84 900

（2）类内产品中的各种产品成本的计算，以计划单位成本为分配标准。本月完工产品产量和计划单位成本如表12-1-3所示。

表 12-1-3　　本月完工产品产量和计划单位成本

产品类别	产品名称	产量（件）	计划单位成本（元）
甲类产品	1 号产品	800	10
	2 号产品	650	9
	3 号产品	700	6
	合计	2 150	
乙类产品	4 号产品	2 000	20
	5 号产品	1 800	18
	6 号产品	1 600	15
	合计	5 400	

康华公司 9 月份类内各种产品成本的计算如下。

（1）选定标准产品。类内产品的计算是以计划单位成本为分配标准的。甲类产品选择 1 号产品为标准产品，乙类产品选择 4 号产品为标准产品。标准产品系数定为“1”。

（2）确定各种产品系数及总系数（标准产量），如表 12-1-4 所示。

表 12-1-4　　计划成本系数及总系数（标准产量）计算表

产品类别	产品名称	计划成本（元）	计划成本系数	完工产品产量（件）	标准产量（件）
甲类	1 号产品	10	1	800	800
	2 号产品	9	0.9	650	585
	3 号产品	6	0.6	700	420
	合计			2 150	1 805
乙类	4 号产品	20	1	2 000	2 000
	5 号产品	18	0.9	1 800	1 620
	6 号产品	15	0.75	1 600	1 200
	合计			5 400	4 820

（3）计算同类产品的生产成本。以标准产量为分配标准求出费用分配率（标准产量单位成本），分配同类产品内完工产品的成本，再除以各完工产品的产量，即可求出各完工产品的单位成本。甲类各完工产品成本和乙类各完工产品成本的计算如表 12-1-5 和表 12-1-6 所示。

表 12-1-5　　甲类各完工产品成本计算表

产品：甲类产品　　20××年 9 月

产品名称	产品产量（件）	标准产量（件）	完工产品总成本（元）	标准产量单位成本（元）	各产品生产总成本（元）	各产品单位生产成本（元）
1 号产品	800	800			43 880	54.85
2 号产品	650	585			32 087.25	49.37
3 号产品	700	420			23 032.75	32.9
合计	2 150	1 805	99 000	54.85	99 000	

表 12-1-6　　　　乙类各完工产品成本计算表

产品：乙类产品　　　　20××年 9 月

产品名称	产品产量（件）	标准产量（件）	完工产品总成本（元）	标准产量单位成本（元）	各产品生产总成本（元）	各产品单位生产成本（元）
4 号产品	2 000	2 000			35 220	17.61
5 号产品	1 800	1 620			28 528.20	15.85
6 号产品	1 600	1 200			21 151.80	13.22
合计	5 400	4 820	84 900	17.61	84 900	

根据上述产品成本计算资料，编制结转本月完工入库产品成本的会计分录如下。

借：库存商品—1 号产品　　43 880
　　库存商品—2 号产品　　32 087.25
　　库存商品—3 号产品　　23 032.75
　　库存商品—4 号产品　　35 220
　　库存商品—5 号产品　　28 528.20
　　库存商品—6 号产品　　21 151.80
　贷：基本生产成本—甲类产品　　99 000
　　　基本生产成本—乙类产品　　84 900

2. 联产品

联产品是企业使用同样的原材料，在同一生产过程中，同时生产出两种或两种以上具有不同使用价值的主要产品。联产品分离的这个点称为分离点。分离点前发生的成本称为联合成本或共同成本，分离以后有的产品可直接销售，有的产品需要进一步加工后再销售。而进一步加工的成本称之为可归属成本。

（1）联产品的特点：

① 联产品都是企业的主要产品，是企业生产活动的主要目标；

② 销售价格较高，对企业收入有较大贡献；

③ 要生产一种产品，通常要生产所有联产品，其种类一般分为补充联产品和代用联产品。

（2）联产品的成本计算：联产品从原料投入到产品销售要经过三个阶段：分离前、分离时和分离后。分离前在联合生产过程中发生的费用汇总后确定联合成本。联产品分离时的分离点或分裂点是最关键的，它是联合生产过程的结束。在分离点就必须采用可行的分配办法，将联合成本分配于各联产品。分离后，不需进一步加工即可销售或结转的联产品，其成本就是分配的联产品成本。分离后如需进一步加工，则继续加工费用为直接费用的可直接计入继续加工成本，为间接费用的应在相关的产品间分配计入继续加工成本。联合成本加上继续加工成本即为该产品的销售成本。

联产品成本计算中的汇总联合成本与继续加工成本的计算都可以运用前面已说明的各种方法进行，这里只说明联合成本的分配问题。联合成本的分配可以采用产量分配法、系数分配法、销价分配法和耗料分配法。

【例 12-1-2】 康华公司在同一生产过程中生产出联合产品甲、乙、丙，甲与乙可直接销售，丙分离后需继续加工才能销售。该公司20××年9月成本计算的有关资料如表12-1-7和表12-1-8所示。要求：以定额成本为分配标准，采用系数法计算联产品成本。

表 12-1-7 产量、定额资料

产品名称	产量（千克）	单位定额成本（元）
甲产品	4 800	30
乙产品	3 000	18
丙产品	5 100	20

表 12-1-8 联合成本资料

20××年 9 月

项目	直接材料	直接人工	制造费用	合计
分离前联合成本（元）	288 000	65 000	83 100	436 100
各成本项目比重（%）	66	15	19	100
分离后丙产品加工成本（元）	3 500	400	380	4 280

康华公司9月份联产品成本计算如下。

（1）选定甲产品为标准产品，确定各种产品系数，如表12-1-9所示。

表 12-1-9 联产品系数计算表

产品名称	单位定额成本（元）	系数
甲产品	30	1.00
乙产品	18	0.60
丙产品	20	0.67

（2）编制联产品成本核算表，如表12-1-10所示。

表 12-1-10 联产品成本核算表

产品名称	产量（千克）	系数	标准产量（千克）	联合成本	标准产量单位成本（元）	联产品成本（元）	单位成本（元）
甲产品	4 800	1.00				208 992	43.54
乙产品	3 000	0.60				78 372	26.12
丙产品	5 100	0.67				148 736	29.16
合计				436 100	43.54	436 100	

（3）计算丙产品成本，如表12-1-11所示。

表 12-1-11 丙产品成本汇总核算表

成本项目	分离前成本		分离后加工成本（元）	总成本（元）	单位成本（元）
	比重（%）	金额（元）			
直接材料	66	98 166	3 500	101 666	21.18
直接人工	15	22 310	400	22 710	7.57
制造费用	19	28 260	380	28 640	5.62
合计	100	148 736	4 280	153 016	34.37

12.2 定额法

一、定额法的概念和特点

产品成本核算的定额法是以产品品种为成本核算对象，以产品定额成本为基础，加减定额差异和定额变动差异，核算产品实际成本的一种方法。定额法是一种辅助的成本核算方法，它必须与成本核算的三种基本方法结合使用，才能完成产品成本核算工作。

定额法既是一种成本核算方法，也是一种成本管理制度，具有以下几个特点。

1. 成本核算对象

定额法的成本核算对象是企业的完工产品或半成品。根据企业管理的要求，只计算完工产品成本或者同时计算半成品成本与完工产品成本。

2. 成本计算期

定额法一般用于大量、大批生产的企业，成本计算期为每月的会计报告期，按月进行成本计算。

3. 事前制定产品定额成本

定额法是以产品的定额成本为基础计算产品的实际成本的，因此，采用定额法计算成本的企业必须事前制定产品的消耗定额、费用定额和定额成本作为降低成本的目标，对产品成本进行事前控制。

4. 分别核算符合定额的费用和脱离定额的差异

采用定额法核算产品成本，在生产费用发生时，就应当将符合定额的费用和脱离定额的差异分别归集，同时将两部分费用在完工产品与月末在产品之间进行分配，从而计算出完工产品与在产品的实际成本。

二、定额法的适用范围

定额法是为了加强成本管理、进行成本控制而采用的一种成本核算与管理相结合的方法。它不是成本核算的基本方法，与企业生产类型没有直接联系。其适用于定额管理制度比较健全、定额管理基础工作比较好、产品生产已经定型、各项消耗定额比较准确和稳定的企业。生产类型为大量、大批生产的企业，由于产品品种少、产量大、产品定型，比较容易制定定额。所以，定额法主要适用于大量、大批生产的企业。

三、定额法的成本核算程序

定额法的成本核算程序如下。

1. 制定定额成本

定额成本是在正常情况下可以达到的“应该成本”，是按现行消耗定额和计划价格制定的先进标准。采用定额法核算产品成本，应当根据企业现行消耗定额和费用定额，按照企业确定的成本项目，按产品品种分别制定产品定额成本。“直接材料”项目要根据耗用材料数量制定消耗定额，由定额消耗量乘以计划单价得出直接材料的定额成本。“直接人工”项目，如实行计件工资制，可直接根据该产品计件工资统计表的金额确定；如实行计时工资制，则应制定工时定额，再乘以计划小时工资率。制造费用项目应根据工时定额乘以计划小时分配率确定。

制定定额成本依据的现行定额，是指企业从月初起采用的定额。在有定额变动的月份，应当根据变动以后的定额调整月初在产品的定额成本，计算定额变动差异。

2. 核算脱离定额差异

在生产费用发生时，企业应将实际生产费用划分为符合定额的费用和脱离定额的差异两部分。要将这两部分费用分别编制生产费用凭证、生产费用汇总表，并分别登记“生产成本”明细账。

3. 在“生产成本”明细账中计算本月生产费用合计

月末，企业应将月初差异和本月发生的脱离定额差异、材料成本差异和定额变动差异分别汇总算出生产费用合计数。

4. 将本月生产费用合计在完工产品与月末在产品之间进行分配

月末，将归集的生产费用在完工产品与月末在产品之间进行分配。

5. 计算本月完工产品的实际总成本和单位成本

以本月完工产品的定额成本为基础，加上或减去各项成本差异，计算出本月完工产品的实际总成本。本月完工产品的实际总成本除以完工产品的总产量，即为本月完工产品的实际单位成本。

四、定额成本及差异的计算

1. 定额成本的制定

定额成本与计划成本是两个不同的概念，二者虽然都是以消耗定额为基础制定的目标成本，但前者依据当月现行定额制定，表示当月应达到的成本水平，各月的现行定额可能随着生产技术水平的提高而进行修订，因而成本水平表现为不断降低；后者则依据计划期（通常是一年）内各月的平均定额制定，反映计划期内预计应达到的平均成本水平。

定额成本包括零部件定额成本和产成品定额成本，一般由企业的财会部门会同企业计划、技术、生产等部门共同制定。在零部件不多的企业，可以先制定零部件定额成本，然后再汇总计算产品的定额成本。如果产品的零部件较多，为简化会计核算工作，也可不制定零部件的定额成本，而直接制定产品的定额成本。产品的定额成本在制定时必须分成本项目进行，其计算公式如下。

直接材料定额成本＝产品材料消耗定额×材料计划单价

直接人工定额成本＝产品生产工时定额×计划小时工资率

制造费用定额成本＝产品生产工时定额×计划小时费用率

产成品定额成本＝直接材料定额成本＋直接人工定额成本＋制造费用定额成本

【例 12-2-1】 康华公司大量生产甲、乙两种产品，采用定额法计算产品成本，产品定额成本根据零件定额卡、部件定额卡直接计算。本月有关零件定额卡、部件定额卡、产品消耗定额计算表和产品定额成本计算表如表 12-2-1～表 12-2-4 所示。

表 12-2-1　　　　零件定额卡

零件编号：L201　　　　20××年 9 月　　　　零件名称：L

材料名称、编号	计量单位	材料消耗定额
M101	千克	5
工序	工时定额（小时）	累计工时定额（小时）
1	2	2
2	2.5	4.5
3	3	7.5

表 12-2-2　　　　部件定额卡

部件编号：A301　　　　20××年 9 月　　　　部件名称：A

耗用零件名称或编号	耗用零件数量（个）	M101 材料			M102 材料			材料金额合计（元）	工时消耗定额（小时）
		数量（个）	计划单价（元）	金额（元）	数量（个）	计划单价（元）	金额（元）		
L201	4	20	8	160				160	30
L202	3	6	8	48	2	10	20	68	38.5
装配									6
合计		26	8	208	2	10	20	228	74.5

表 12-2-3　　　　产品消耗定额计算表

产品名称：甲产品　　　　20××年 9 月

耗用零件名称或编号	耗用零件数量（个）	材料费用定额（元）		工时定额（小时）	
		部件定额	产品定额	部件定额	产品定额
A301	3	228	684	74.5	223.5
A302	4	50	200	62	248
装配					150
合计			884		621.5

表 12-2-4　　　　产品定额成本计算表

20××年 9 月

产品名称	直接材料（元）	直接人工		制造费用		产品成本合计（元）
		计划工资率（%）	定额成本（元）	计划费用率（%）	定额成本（元）	
甲产品	884	4	2 486	2	1 243	4 613
乙产品	600	4	2 000	2	1 000	3 600

2. 脱离定额差异的计算

脱离定额的差异是指在生产过程中，以计划价格为基础，各项生产费用的实际支出脱离现行定额的差额。其公式为

$$脱离定额差异=（实际耗用量-定额耗用量）\times 计划价格$$

从差异的本质上看，脱离定额差异体现的是“量差”。它标志着各项费用支出的合理程度，反映现行定额的执行情况。企业在发生费用时，应及时分别编制定额凭证和差异凭证，并计入有关费用分配表和明细分类账中。脱离定额差异的计算与定额成本的计算一样，是按成本项目进行的。

（1）直接材料脱离定额差异的计算：直接材料脱离定额差异是指产品耗用原材料的实际成本与定额成本的差异，其计算公式如下。

直接材料脱离定额差异＝原材料的实际成本－原材料的定额成本

＝原材料实际耗用量×实际单价－产品的材料消耗定额×材料计划单价

【例 12-2-2】 康华公司生产甲产品，该公司 9 月原材料费用定额差异计算表如表 12-2-5 所示。

表 12-2-5　　原材料费用脱离定额差异计算表

产品名称：甲产品　　20××年 9 月　　金额单位：元

原材料品种	实际单价	计划单价	定额成本		实际成本		脱离定额差异	
			定额耗用量	金额	实际耗用量	金额	耗用量	金额
H 材料	20	21	500	10 500	550	11 000	50	500
M 材料	12	11	480	5 280	460	5 520	−20	240
合计				15 780		16 520		740

（2）直接人工脱离定额差异的计算：直接人工费用的构成主体是生产工人的工资。由于生产工人工资有计件工资和计时工资两种工资制度，因此工资定额差异的计算要根据不同的工资制度采取不同的计算方法。

在计件工资制度下，生产工人工资属于直接计入费用，在计件单价不变时，按计件单价支付的生产工人工资就是定额工资，没有脱离定额的差异。因此，在计件工资制度下，脱离定额的差异往往是指在计件单价之外支付的奖金、津贴等。企业应当将符合定额的工资反映在产量记录中，脱离定额的差异应当单独设置工资补付单等凭证，并经过一定的审批手续。

在计时工资制度下，生产工人工资属于间接计入费用，实际工资总额要到月终才能确定。工资脱离定额差异不能随时按照产品直接计算，其影响因素有两个：一是生产工时；二是小时工资率。其计算公式如下。

某产品的定额直接人工费用＝该产品定额生产工时×计划小时工资率

某产品的实际直接人工费用＝该产品实际生产工时×实际小时工资率

某产品直接人工脱离定额的差异＝该产品实际直接人工费用－该产品定额直接人工费用

其中：

$$计划小时工资率=\frac{计划产量的定额直接人工费用}{计划产量的定额生产工时}$$

$$实际小时工资率=\frac{实际直接人工费用总额}{实际生产总工时}$$

【例 12-2-3】 康华公司 9 月大量生产甲、乙两种产品，计划人工费用总额为 300 000 元，计划生产工时为 16 000 小时，定额生产工时为 18 000 小时，其中甲产品计划生产工时为 12 000 小时，乙产品计划生产工时为 6 000 小时。实际人工费用总额为 380 000 元，实际生产工时为 22 000 小时，其中甲产品实际生产工时为 14 000 小时，乙产品实际生产工时为 8 000 小时。要求：计算甲、乙两种产品直接人工费用脱离定额的差异。

根据上述资料编制直接人工费用定额和脱离定额差异汇总表，如表 12-2-6 所示。

表 12-2-6 直接人工费用定额和脱离定额差异汇总表

20××年 9 月

产品名称	直接人工费用定额			实际人工费用			脱离定额差异（元）
	定额工时（小时）	计划小时工资（元）	定额工资（元）	实际工时（小时）	实际小时工资（元）	实际工资（元）	
甲产品	12 000		200 040	14 000		241 780	41 740
乙产品	6 000		99 960	8 000		138 220	38 260
合计	18 000	16.67	300 000	22 000	17.27	380 000	80 000

（3）制造费用脱离定额差异的计算：制造费用与计时工资费用一样，属于间接计入费用，在日常核算中不能按照产品直接核算脱离定额的差异，而只能根据月份的费用计划或预算，按照费用发生的部门和费用项目核算脱离定额的差异，据以控制和监督费用的发生。各种产品应负担的定额制造费用和制造费用脱离定额的差异，只有在月末确定实际制造费用总额后才可计算确定。

某产品制造费用脱离定额的差异＝该产品实际制造费用－该产品定额工时×计划小时制造费用率

【例 12-2-4】 康华公司 9 月大量生产甲、乙两种产品，计划制造费用总额为 80 000，两种产品实际生产工时和定额工时资料见上例，本月实际制造费用总额为 98 000 元，要求：计算甲、乙两种产品制造费用脱离定额的差异。

根据上述资料编制制造费用定额和脱离定额差异汇总表，如表 12-2-7 所示。

表 12-2-7 制造费用定额和脱离定额差异汇总表

20××年 9 月

产品名称	制造费用定额			实际制造费用			脱离定额差异（元）
	定额工时（小时）	计划小时制造费用（元）	定额制造费用（元）	实际工时（小时）	实际小时制造费用（元）	实际制造费用（元）	
甲产品	12 000		53 280	14 000		62 300	9 020
乙产品	6 000		26 720	8 000		35 700	8 980
合计	18 000	4.44	80 000	22 000	4.45	98 000	18 000

【例 12-2-5】康华公司 9 月实际制造费用发生额为 45 000 元，预算制造费用定额为 40 000 元，实际生产比计划生产超额完成 20%，只生产甲产品，要求：计算该产品制造费用脱离定额的差异。

调整后的制造费用定额＝40 000×（1＋20%）＝48 000（元）

制造费用脱离定额差异＝45 000－48 000＝－3 000（元）

3. 定额变动差异的计算

定额变动差异是指由于修订消耗定额或耗费的计划价而产生的新、旧定额之间的差额。定额变动差异的产生，是由于定额本身变动的结果，与生产费用的节约或超支无关。企业在对旧定额进行修改后，当月投产的新产品应按新定额计算其定额成本。在实行新定额的月初如果有在产品，其定额成本是按旧定额计算的，二者计算的基础不同，不能直接相加汇总。为此，需要将月初按旧定额计算的在产品定额成本调整为按新定额确定的定额成本，这样就产生了定额变动差异。其计算公式为

$$定额变动系数=\frac{按新定额计算的单位产品定额成本}{按旧定额计算的单位产品定额成本}$$

月初在产品定额变动差异=按旧定额计算的月初在产品定额成本×（1－定额变动系数）

调整后月初在产品定额成本=按旧定额计算的月初在产品定额成本±月初在产品定额变动差异

【例 12-2-6】 康华公司20××年9月1日起对甲产品实施新的材料消耗定额，甲产品9月的原材料消耗定额为6.5千克，9月1日起实施新的材料消耗定额为6千克，原材料计划单价为20元，9月末调整的在产品成本为90 000元。要求：计算月初在产品定额变动差异和调整后月初在产品定额成本。

定额变动系数=（6×20）÷（6.5×20）=0.92

月初在产品定额变动差异=90 000×（1－0.92）=7 200（元）

调整后月初在产品定额成本=90 000－7 200=82 800（元）

4. 产品实际成本的计算

采用定额法时，产品的实际成本计算公式为

产品的实际成本=按现行定额计算的产品定额成本±脱离定额差异
±材料成本差异±月初在产品定额变动差异

定额法下的产品成本计算单按定额成本、脱离定额差异、定额变动差异和材料成本差异分别设置专栏或专行。

五、定额法的成本核算应用举例

【例 12-2-7】 康华公司大量生产甲产品，该公司采用定额法计算产品成本，定额差异在完工产品与在产品之间按完工产品与在产品的定额比例标准进行分配。该公司某年9月的有关资料如表12-2-8～表12-2-10所示。要求：计算完工产品实际成本。

（1）康华公司定额资料如表12-2-8所示。

表 12-2-8　　定额资料

产品名称：甲产品

项目	直接材料	直接人工	制造费用	合计
甲产品定额费用（元/台）	1 500	600	500	2 600
甲产品定额工时（小时/台）		100	100	

工时定额单价：直接人工为6元/小时，制造费用为5元/小时。

（2）产品产量及生产工时统计资料如表12-2-9所示。

表 12-2-9　　产品产量及生产工时统计表

产品名称：甲产品

月初在产品产量（台）	本月投入产品数量（台）	本月完工产品数量（台）	月末在产品数量（台）	本月实际生产工时（小时）
30	300	305	25	35 000

（3）月初在产品定额成本及本月生产费用发生额资料如表12-2-10所示。

表 12-2-10　　月初在产品定额成本及本月生产费用发生额资料

产品名称：甲产品　　单位：元

项目		直接材料	直接人工	制造费用	合计
月初在产品	定额成本	30 000	18 000	8 700	56 700
	脱离定额差异	−450	120	80	−250
本月实际生产费用		500 000	190 000	151 000	841 000

康华公司甲产品成本核算程序如下。

第 1 步：计算本月实际生产费用与定额成本的差异，如表 12-2-11 所示。

表 12-2-11　　本月生产费用与定额成本差异计算表

产品名称：甲产品　　单位：元

项目		直接材料	直接人工	制造费用	合计
甲产品	本月实际生产费用	500 000	190 000	151 000	841 000
	定额成本	450 000	180 000	150 000	780 000
	脱离定额成本的差异	50 000	10 000	1 000	61 000

其中：

定额材料成本＝300×1 500＝450 000（元）

定额人工费用＝300×100×6＝180 000（元）

定额制造费用＝300×100×5＝150 000（元）

第 2 步：分配定额差异，计算完工产品实际成本，如表 12-2-12 所示。

表 12-2-12　　产品成本计算单

产品名称：甲产品　　完工产品产量：320 台　　在产品产量：10 台　　单位：元

项目		直接材料	直接人工	制造费用	合计
月初在产品	定额成本	30 000	18 000	8 700	56 700
	脱离定额差异	−450	120	80	−250
本月发生费用	本月实际生产费用	500 000	190 000	151 000	841 000
	定额成本	450 000	180 000	150 000	780 000
	脱离定额成本差异	50 000	10 000	1 000	61 000
生产费用合计	定额成本	480 000	198 000	158 700	836 700
	脱离定额成本差异	49 550	10 120	1 080	60 750
脱离定额差异分配率		0.1	0.05	0.01	
产品成本	定额成本	457 500	183 000	152 500	793 000
	脱离定额成本差异	45 750	9 150	1 525	56 425
	实际成本	503 250	192 150	154 025	849 425
月末在产品	定额成本	22 500	15 000	6 200	43 700
	脱离定额成本差异	3 800	970	−445	4 325

其中：

（1）完工产品定额成本的计算如下。

完工产品定额材料成本＝305×1 500＝457 500（元）

完工产品定额人工费用＝305×100×6＝183 000（元）

完工产品定额制造费用＝305×100×5＝152 500（元）

（2）在产品定额成本的计算如下。

在产品定额材料成本＝480 000－457 500＝22 500（元）

在产品定额人工费用＝198 000－183 000＝15 000（元）

在产品定额制造费用＝158 700－152 500＝6 200（元）

（3）脱离定额差异分配率的计算如下。

材料脱离定额差异分配率＝49 550÷480 000＝0.1

人工费用脱离定额差异分配率＝10 120÷198 000＝0.05

制造费用脱离定额差异分配率＝1 080÷158 700＝0.01

（4）完工产品应承担的脱离定额差异的计算如下。

完工产品应承担的材料成本差异＝457 500×0.1＝45 750（元）

完工产品应承担的人工费用差异＝183 000×0.05＝9 150（元）

完工产品应承担的制造费用差异＝152 500×0.01＝1 525（元）

（5）完工产品实际成本的计算如下。

完工产品的材料成本＝457 500＋45 750＝503 250（元）

完工产品的人工费用＝183 000＋9 150＝192 150（元）

完工产品的制造费用＝152 500＋1 525＝154 025（元）

完工产品的实际成本＝503 250＋192 150＋154 025＝849 425（元）

模块四

成本报表

本模块主要讲授成本报表的编制和分析，将详细介绍三部分内容：一是成本报表概述；二是成本报表的编制；三是成本报表的分析。

项目十三 成本报表的编制和分析

知识目标：

- ✧ 理解成本报表的概念、特点、作用及种类
- ✧ 掌握成本报表的编制方法及分析方法

技能目标：

- ✧ 能够根据有关资料进行产品生产成本表的编制和分析
- ✧ 能够根据有关资料进行主要产品单位成本表的编制和分析
- ✧ 能够根据有关资料进行制造费用明细表的编制和分析

项目导言：

成本报表是企业内部成本管理的报表；是用以反映企业生产费用与产品成本的构成及其升降变动情况，以考核各项费用与生产成本计划执行结果的会计报表；是会计报表体系的重要组成部分。正确、及时地编制成本报表，是企业成本会计工作的一项重要内容。不同企业对于成本管理

的需求不同，成本报表的编制也有所不同，但从反映的经济内容看，成本报表主要有产品生产成本表、主要产品单位成本表和费用明细表等。

13.1 成本报表概述

一、成本报表的概念

成本报表是指企业根据成本管理的需要，依据日常成本核算资料及其他有关资料定期或不定期编制的，用来反映和监督企业一定时期产品成本和期间费用的水平及其构成情况的内部报告文件。它是企业会计报表体系的重要组成部分。正确、及时地编制成本报表，是企业成本会计工作的一项重要内容。

二、成本报表的作用

成本报表是为企业内部管理需要而编制的，对加强成本管理、提高经济效益有着重要的作用。

1. 成本报表能够综合反映报告期内的产品成本

产品成本是反映企业生产经营各方面工作质量的一项综合性指标，也就是说，企业的供、产、销各个环节的经营管理水平，最终都直接、间接地反映到产品成本中来，通过成本报表资料，能够及时发现企业在生产、技术、质量和管理等方面存在的问题，以便采取有效的改进措施。

2. 成本报表是评价和考核各成本环节成本管理的依据

利用成本报表所提供的资料，经过有关指标计算、对比，可以明确各有关部门和人员在执行成本计划、费用预算过程中的成绩和差距，以便总结工作的经验和教训，提高成本管理水平。

3. 成本报表是进行成本分析的依据

通过对成本报表进行分析，可以揭示影响企业产品成本项目或费用项目变动的因素及其原因，从生产技术、生产组织和经营管理等各个方面挖掘节约费用支出和降低产品成本的潜力。

4. 成本报表是进行成本预测、决策以及编制成本计划的依据

成本报表提供的产品成本和费用支出的资料，不仅可以满足企业、车间和管理部门加强日常成本、费用管理的需要，而且是企业进行成本、利润的预测、决策，编制产品成本计划，制定产品价格的重要依据。

三、成本报表的特点

成本报表是为企业内部管理需要而编制的，属于企业内部报表，与对外报告的财务会计报表相比，具有以下特点。

1. 成本报表反映的内容具有针对性

成本报表作为企业的商业秘密，主要为企业内部管理服务，满足企业管理者、成本责任者对成本信息的需求，有利于观察、分析、考核成本的动态，有利于控制计划成本目标的实现，也有利于预测工作。

2. 成本报表的内容和格式具有灵活性

成本报表是服务于企业内部经营管理目的的报表，一般不受外界因素的影响。报表的种类、

格式、编制时间、报送程序、报送范围都由企业根据需要自行规定，并且可以随着生产条件的变化和管理要求的提高进行随时的修改和调整，因而具有较大的灵活性。

3. 成本报表作为对内报表更注重时效性

对外报表一般都是定期编制和报送的，而作为对内报表的成本报表，除了为满足定期考核、分析成本计划的完成情况、定期编报一些报表外，为了及时反映和反馈成本信息，揭示成本工作中存在的问题，还可采用日报、周报或旬报的形式，定期或不定期向有关部门和人员编报成本报表，尽可能使报表提供的信息与报表反映的内容在时间上保持一致，以发挥成本会计及时指导生产的作用。

四、成本报表的种类

成本报表的种类、项目、格式和编制方法虽然由企业自行确定，但是同一行业企业的成本报表也具有相似性。一般来说，工业企业的成本报表有以下几种分类。

1. 按成本报表反映的经济内容分类

（1）反映成本水平的报表：主要有产品生产成本表、主要产品单位成本表等。

（2）反映费用支出情况的报表：主要有制造费用明细表、销售费用明细表、管理费用明细表和财务费用明细表等。

（3）反映成本管理专题的报表：主要有责任成本报表、质量成本报表等。

2. 按成本报表编制的时间分类

（1）定期报表：是指为了满足企业日常成本管理的需要，及时反馈成本信息而按照规定期限编制的成本报表。定期报表一般按年、半年、季、月等定期编报，如果内部管理有特殊需要，也可以按半月、旬、周、日等定期编报。

（2）不定期报表：是指针对成本、费用管理中出现的某些较大问题或亟待解决的问题而随时按要求编制的成本报表，如异常成本差异报表等。不定期报表可以及时反映和反馈成本信息，揭示存在的问题，促使有关部门和人员及时采取措施，改进工作，提高效率，控制费用的发生，达到节约费用支出、降低成本的目的。

3. 按成本报表编制的范围分类

（1）企业成本报表：是反映企业范围成本费用状况的报表。

（2）车间成本报表：是反映车间内成本费用状况的报表。

（3）班组成本报表：是反映班组范围内成本费用状况的报表。

13.2 成本报表的编制

一、成本报表的编制要求

为了提高成本信息的质量，充分发挥成本报表的作用，成本报表的编制应当符合下列基本要求。

1. 真实可靠

成本报表必须根据核实无误的账簿资料以及其他相关资料编制，不得以任何方式弄虚作假。成本报表的指标数字要计算正确，各种成本报表之间、主表与附表之间、各报表项目之间，凡是有勾稽关系的数据应当相互一致，本期报表与上期报表之间有关的数字应当相互衔接。只有真实、可靠的成本报表指标数据，才能如实地反映企业实际发生的成本、费用。

2. 相关可比

成本报表所提供的成本、费用信息必须与报表使用者的决策需要相关，对于重要的成本、费用项目，应当在成本报表中单独列示；对于次要的成本、费用项目，可以合并反映，以满足报表使用者的需求。在会计计量和编报方法上，各报表项目的数据应当口径一致，相互可比，以便于成本信息使用者进行比较，做出正确的决策。

3. 内容完整

成本报表的内容完整性包括两方面的含义：一方面，成本报表作为一个报表体系，其完整性主要体现在有关报表之间客观存在的内在联系；另一方面，每一张具体的成本报表，表内诸项目之间也存在一定的内在联系，而且必要的补充资料作为对表内项目的说明，也体现了成本报表内容完整性的要求。所以，编制成本报表时，应注意不要漏项、漏表。

4. 报送及时

企业的财会部门应根据报表使用者对成本信息及时性的要求，及时收集会计信息，及时加工处理，及时进行报告，以便于报表使用者利用和分析成本报表，充分发挥成本报表应有的作用。

二、成本报表的编制方法

1. 产品生产成本表的编制

产品生产成本表是反映企业在报告期（月、季、半年、年）内生产的全部产品的总成本的报表。该表从格式上划分，可以分为按产品种类反映的产品生产成本表和按成本项目反映的产品生产成本表两种。

（1）按产品种类反映的产品生产成本表的编制：按产品种类反映的产品生产成本表是指按产品种类汇总反映企业在报告期内生产的全部产品的单位成本和总成本的报表。通过该表，可以了解企业报告期内全部产品实际成本的构成和变动情况，考核成本计划的执行情况，分析可比产品成本降低任务的完成情况，评价企业成本管理工作的业绩，并为预测产品未来成本水平和制定目标成本提供资料。

按产品种类反映的产品生产成本表一般由基本报表和补充资料两部分构成。其中，基本报表部分一般是分别按照可比产品和不可比产品汇总反映实际产量、单位成本、本月总成本和本年累计总成本；补充资料部分主要反映可比产品的降低额和降低率等资料，其格式如表 13-2-1 所示。

表 13-2-1　　　　　　产品生产成本表（按产品种类编制）

编制单位：　　　　　　　　　　　　年　月　　　　　　　　　　　　单位：元

产品名称	计量单位	实际产量			单位成本				本月总成本			本年累计总成本		
		本月实际	本年计划	本年累计实际	上年实际平均	本年计划	本月实际	本年累计实际平均	按上年实际平均单位成本计算	按本年计划单位成本计算	本月实际	按上年实际平均单位成本计算	按本年计划单位成本计算	本年实际
可比产品成本合计														
A1														
A2														
A3														
不可比产品成本														
B1														
全部产品成本合计														

按产品种类反映的产品生产成本表的编制方法如下。

① 产品名称：对于企业生产的主要产品，应当按照产品品种分为可比产品和不可比产品填列。

② 本月实际产量：应根据相应的产品“成本”明细账填列。

③ 本年计划产量：应根据本年度产量计划资料填列。

④ 本年累计实际产量：应根据本月实际产量，加上上月本表的本年累计实际产量计算填列。

⑤ 上年实际平均单位成本：应根据上年度本表所列全部累计实际平均单位成本填列。

⑥ 本年计划单位成本：应根据本年度成本计划填列。

⑦ 本月实际单位成本：应根据表中本月实际总成本除以本月实际产量计算填列。如果在产品“成本”明细账或产成品成本汇总表中有着现成的本月产品实际的产量、总成本和单位成本，则表中这些项目都可以根据产品“成本”明细账或产成品成本汇总表填列。

⑧ 本年累计实际平均单位成本：应根据表中本年累计实际总成本除以本年累计实际产量计算填列。

⑨ 按上年实际平均单位成本计算的本月总成本和本年累计总成本：应根据本月实际产量和本年累计实际产量，乘以上年实际平均单位成本计算填列。

⑩ 按本年计划单位成本计算的本月总成本和本年累计总成本：应根据本月实际产量和本年累计实际产量，乘以本年计划单位成本计算填列。

⑪ 本月实际总成本：应根据产品“成本”明细账或产成品成本汇总表填列。

⑫ 本年累计实际总成本：应根据产品“成本”明细账或产成品成本汇总表本年各月产成品成本计算填列。如果有不合格品，应单列一行，并注明“不合格品”字样，不应与合格产品合并填列。

⑬ 补充资料中，可比产品实际成本降低额和降低率，应根据下列公式计算后填列。

可比产品成本降低额＝可比产品按上年实际平均单位成本计算的本年累计总成本
－可比产品本年累计实际总产品

$$可比产品成本降低率=\frac{可比产品成本降低额}{可比产品按上年实际平均单位成本计算的本年累计总成本}\times 100\%$$

（2）按产品成本项目反映的产品生产成本表的编制：按产品成本项目反映的产品生产成本表是指按成本项目汇总反映企业在报告期内发生的全部生产成本以及产品生产成本合计数的报表。通过该表，可以了解报告期内全部产品生产成本项目的支出及其构成情况。

按产品成本项目反映的产品生产成本表一般由生产成本和产品生产成本两部分构成，其格式如表 13-2-2 所示。

表 13-2-2　　产品生产成本表（按成本项目编制）

编制单位：　　　　年　　月　　　　单位：元

项目	上年实际	本年计划	本月实际	本年累计实际
生产成本：				
直接材料				
直接人工				
制造费用				
生产成本合计				
加：在产品、自制半成品期初余额				
减：在产品、自制半成品期末余额				
产品生产成本合计				

按产品成本项目反映的产品生产成本表的编制方法如下。

① 上年实际：应根据上年 12 月份本表的本年累计实际数据填列。

② 本年计划：应根据年初本年成本项目计划数分别汇总填列。

③ 本月实际：应根据各种产品“成本”明细账中本月生产费用合计数，按照成本项目分别汇总填列。

④ 本年累计实际：应根据本月实际数，加上上月本表的本年累计实际数计算填列。

⑤ 期初、期末在产品、自制半成品的余额：应根据各种产品“成本”明细账的期初、期末在产品成本和各种“自制半成品”明细账的期初、期末余额分别汇总填列。

⑥ 产品生产成本合计：应根据表中的生产费用合计数，加、减在产品、自制半成品期初、期末余额求得。

2. 主要产品单位成本表的编制

主要产品是指企业日常生产经营中生产，在企业总产品成本中所占的比重较大，能代表企业生产经营状况、体现企业经营管理水平的产品。主要产品单位成本表是反映企业在报告期内生产的各种主要产品单位成本水平及其构成情况的报表。通过该表可以了解企业生产的各种主要产品的实际单位成本水平及其构成情况，考核各种主要产品单位成本的变动和计划执行情况，并为分析主要技术经济指标的各项消耗数量的变化和执行情况提供资料，从而便于与同行业同类产品成本进行对比，进一步挖掘降低成本的潜力。

主要产品单位成本表是按产品品种反映的产品生产成本表的补充报表，应当按照某些主要产品分别编制。它一般由产品单位生产成本和主要经济技术指标两部分构成，其格式如表 13-2-3 所示。

表 13-2-3　　主要产品单位成本表

编制单位：　　年　月　　单位：元

产品名称：　　产品销售单价：　　计量单位：

产品规格：　　本月实际产量：　　本年累计实际产量：

成本项目	历史先进水平	上年实际平均	本年计划	本月实际	本年累计实际
单位产品生产成本					
其中：直接材料					
直接人工					
制造费用					
主要技术经济指标	消耗数量	消耗数量	消耗数量	消耗数量	消耗数量
A 材料					
B 材料					

主要产品单位成本表的编制方法如下。

（1）表头部分：产品销售单价应根据产品定价表填列；本月实际产量应根据产品“成本”明细账或产品成本汇总表填列；本年累计实际产量应根据上月本表的本年累计实际产量加上本月实际产量计算填列。

（2）产品单位生产成本。

① 历史先进水平单位成本：应根据历史上该种产品成本最低年度本表的平均单位成本填列。

② 上年实际平均单位成本：应根据上年度本表的实际平均单位成本填列。表中所列产品如为不可比产品，则不填列上述历史先进水平和上年实际平均单位成本。

③ 本年计划单位成本：应根据本年计划填列。

④ 本月实际单位成本：应根据该种产品“成本”明细账或产品成本汇总表填列。

⑤ 累计实际平均单位成本：应根据该种产品“成本”明细账所记年初起至报告期末止完工入库总成本除以本年累计实际产量计算填列。

（3）主要技术经济指标：应根据企业或上级机构规定的指标名称和填列方法计算填列。

3. 制造费用明细表的编制

制造费用明细表是反映企业在报告期内发生的各种制造费用情况的报表。根据制造费用明细表，可以了解报告期内制造费用的实际支出水平，分析考核制造费用计划的执行情况，评价制造费用的变化趋势，以便采取有效的措施，加强对制造费用的控制和管理，从而降低产品生产成本。

制造费用明细表一般按月编制，在某些季节性生产企业中也可按年编制。制造费用明细表按费用项目分别反映其本年计划、上年同期实际、本月实际和本年累计等指标，其格式如表 13-2-4 所示。

表 13-2-4　　　　制造费用明细表

编制单位：　　　　　　　　年　　月　　　　　　　　单位：元

项目	本年计划	上年实际	本月实际	本年累计实际
职工薪酬				
折旧费				
修理费				
办公费				
水电费				
机物料消耗				
周转材料摊销				
租赁费				
差旅费				
劳动保护费				
保险费				
设计制图费				
试验检验费				
其他				
制造费用合计				

制造费用明细表的编制方法如下。

（1）本年计划：应根据本年度制造费用预算或计划资料填列。

（2）上年实际：应根据上年 12 月编制的制造费用明细表本年累计实际的数字填列。

（3）本月实际：应根据“制造费用”明细账中各费用项目的本月发生额填列。

（4）本年累计实际：应根据“制造费用”明细账中各费用项目本年累计发生额填列，也可以将本月实际数加上月末本年累计实际填列。

4. 期间费用明细表的编制

期间费用明细表是反映企业在报告期内发生的经营管理费用总额及其各项费用构成情况的报表。它包括销售费用明细表、管理费用明细表和财务费用明细表等。通过这些明细表，可以了解企业销售费用、管理费用和财务费用各构成项目的实际发生及其增减变动情况，分析和考核销售费用、管理费用和财务费用预算或计划的执行情况及其结果，充分揭示差异及其产生的原因。

期间费用明细表一般按费用项目分别反映其本年计划、上年实际、本月实际和本年累计实际等指标，其格式如表 13-2-5～表 13-2-7 所示。

表 13-2-5　　销售费用明细表

编制单位：　　　　年　月　　　　单位：元

费用项目	本年计划	上年实际	本月实际	本年累计实际
职工薪酬				
折旧费				
业务费				
修理费				
保险费				
运输费				
装卸费				
展览费				
广告费				
其他				
销售费用合计				

销售费用明细表的编制方法如下。

（1）本年计划：应根据本年度销售费用预算或计划资料填列。

（2）上年实际：应根据上年 12 月编制的销售费用明细表本年累计实际的数字填列。

（3）本月实际：应根据“销售费用”明细账中各费用项目的本月发生额填列。

（4）本年累计实际：应根据“销售费用”明细账中各费用项目本年累计发生额填列，也可以将本月实际数加上月末本年累计实际填列。

表 13-2-6　　管理费用明细表

编制单位：　　　　年　月　　　　单位：元

费用项目	本年计划	上年实际	本月实际	本年累计实际
职工薪酬				
折旧费				
修理费				
办公费				
差旅费				
运输费				
保险费				
租赁费				
业务招待费				
研究费用				
税金				
房产税				
车船税				
土地使用税				
印花税				
其他				
管理费用合计				

管理费用明细表的编制方法如下。

（1）本年计划：应根据本年度管理费用预算或计划资料填列。

（2）上年实际：应根据上年 12 月编制的管理费用明细表本年累计实际的数字填列。

（3）本月实际：应根据“管理费用”明细账中各费用项目的本月发生额填列。

（4）本年累计实际：应根据“管理费用”明细账中各费用项目本年累计发生额填列，也可以将本月实际数加上月末本年累计实际填列。

表 13-2-7　　财务费用明细表

编制单位：　　　　年　　月　　　　单位：元

费用项目	本年计划	上年实际	本月实际	本年累计实际
利息费用				
减：利息收入				
汇兑损失				
减：汇兑损益				
调剂外汇手续费				
金融机构手续费				
其他筹资费用				
财务费用合计				

财务费用明细表的编制方法如下。

（1）本年计划：应根据本年度财务费用预算或计划资料填列。

（2）上年实际：应根据上年 12 月编制的财务费用明细表本年累计实际的数字填列。

（3）本月实际：应根据“财务费用”明细账中各费用项目的本月发生额填列。

（4）本年累计实际：应根据“财务费用”明细账中各费用项目本年累计发生额填列，也可以将本月实际数加上月末本年累计实际填列。

13.3 成本报表的分析

一、成本报表分析概述

成本报表分析是指利用成本报表及其相关成本、费用资料，按照一定的程序，采用专门的方法，对企业一定时期产品成本和期间费用的水平及其构成情况进行分析与评价，揭示产品成本和期间费用变动的原因以及各种因素对其变动的影响程度，以挖掘降低成本、费用的潜力，提高企业的经济效益。成本报表分析是企业成本管理的重要组成部分，也是成本会计的主要职能。

工业企业成本报表分析的内容主要包括全部产品成本计划完成情况分析、可比产品成本降低计划完成情况分析、主要产品单位产品成本分析、技术经济指标变动对产品成本影响的分析、制造费用预算执行情况分析以及期间费用预算执行情况分析。

二、成本报表分析的方法

成本报表分析的方法主要有对比分析法、比率分析法、连环替代法和差额分析法。

1. 对比分析法

对比分析法是通过成本指标在不同时期或不同情况下的对比来揭示客观存在的差异，分析差异产品的原因，以便研究解决问题的途径和方法，从而提高成本管理水平的一种方法。

在实际工作中，对比的基准数一般有计划数、定额数、前期实际数、以往年度同期实际数以及本企业历史先进水平和国内外同行业的先进水平等。将实际数与计划数或定额数对比，可以揭示计划或定额的执行情况；将本期实际数与前期实际数或以往年度同期实际数对比，可以考察有关成本经济业务的发展变化情况；将本期实际数与本企业历史先进水平和国内外同行业的先进水平对比，可以在更大范围内发现与先进水平之间的差距，促进企业改进经营管理。

2. 比率分析法

比率分析法是通过计算和对比经济指标的比率来进行分析的一种方法。采用这种方法，先要把对比的数值变成相对数，计算出比率，然后再进行对比分析。其具体有形式有以下三种。

（1）相关比率分析法：相关比率分析法是指将两个性质不同但又相关的指标进行对比求出两者的比率，以反映报表中相关项目之间关系的一种比率分析法。在实际工作中，由于企业的规模不同，单纯地对比各企业成本报表中各项目的绝对数，并不能说明各企业成本水平的高低。但是如果计算成本与相关指标之间的相对数，就可以剔除企业规模因素的影响，从而反映出各企业经济效益的好坏。

成本报表的相关比率分析法中常用的比率主要有产值成本率、销售收入成本率和成本利润率等，其计算公式如下。

$$\text{产值成本率}=\frac{\text{产品成本}}{\text{产品产值}}\times 100\%$$

其中，产品产值是指企业在一定时期内生产的工业最终产品或提供工业性劳务按照现行价格计算的总价值。

$$\text{销售收入成本率}=\frac{\text{产品成本}}{\text{产品销售收入}}\times 100\%$$

$$\text{成本利润率}=\frac{\text{利润总额}}{\text{产品成本}}\times 100\%$$

从上述计算公式可以看出，产值成本率和销售收入成本率越高，或成本利润率越低，则企业经济效益越差；反之，产值成本率和销售收入成本率越低，或成本利润率越高，则企业经济效益越好。

（2）构成比率分析法：构成比率分析法也称结构比率分析法或比重分析法，是指通过计算某项经济指标的各个组成部分占总体的比重，即部分与全部的比率，来反映其构成部分之间关系的一种比率分析法。通过这种分析，可以反映产品成本或者期间费用的构成是否合理。

成本报表的构成比率分析法中常用的比率主要有直接材料费用比率、直接人工费用比率和制造费用比率等，其计算公式如下。

$$\text{直接材料费用比率}=\frac{\text{直接材料费用}}{\text{产品成本}}\times 100\%$$

$$\text{直接人工费用比率}=\frac{\text{直接人工费用}}{\text{产品成本}}\times 100\%$$

$$制造费用比率=\frac{制造费用}{产品成本}\times 100\%$$

（3）动态比率分析法：动态比率分析法是将不同时期同类指标的数值进行对比，用以反映分析对象的增减速度和发展趋势，从中发现企业在生产经营方面的成绩或不足的一种分析方法。

不论采用什么比率分析法，在进行分析时，还应将比率的实际数与其基数进行对比，揭示其与基数之间的差异。例如，进行相关比率的成本利润率分析时，还应将实际的成本利润率与计划或前期成本利润率进行对比，揭示其与计划、前期实际之间的差异。

3. 因素分析法

因素分析法也称连环替代法，是将某一综合经济指标分解为若干相互联系的原始因素，采用一定的计算方法，以确定各因素变动对该项经济指标的影响方向和影响程度的一种分析方法。

因素分析法的计算程序如下。

（1）确定综合经济指标与各个因素的数量关系，并将其实际数与计划数对比确定实际脱离计划差异，作为分析的对象。

（2）以计划数为基础，依次、逐个以各个因素的实际数替换其计划数，计算该因素对综合经济指标的影响程度（替换时假定其他因素不变）。

（3）将单个因素对综合经济指标的影响进行累计，与实际脱离计划差异核对，验证分析的结果。

一切综合性经济指标的变化往往是很多因素综合影响的结果。这些因素相互联系，按照相同或相反的方向对综合经济指标产生影响。要分析各个影响因素对综合经济指标的影响程度，只有在假定其他因素不变的情况下才可以进行。运用这一方法时，要正确确定各个因素的替换顺序。通常，确定各个因素替换顺序的做法是：先数量指标，后质量指标；先实物量指标，后价值量指标。在各个因素的替换过程中，要按照统一的替换顺序进行，这样计算的结果才有可比性。如果改变各个因素的排列顺序，可能会得到不同的计算结果。另外，还要注意替换顺序的连环性，每一个因素的替换都是在上一次替换的基础上进行的。

假定某一综合经济指标 W 受 X，Y，Z 三个因素的影响，它们之间的数量关系为

$$W=X\times Y\times Z$$

$$计划指标\ W_0=X_0\times Y_0\times Z_0$$

$$实际指标\ W_3=X_1\times Y_1\times Z_1$$

W_3-W_0 即为分析的对象。

那么，三个因素对指标 W 的变动影响的计算如下。

第一次，以 X_1 替换 X_0，Y 与 Z 保持不变，则 $W_1=X_1\times Y_0\times Z_0$。

第二次，以 Y_1 替换 Y_0，X 与 Z 保持不变，则 $W_2=X_1\times Y_1\times Z_0$。

第三次，以 Z_1 替换 Z_0，X 与 Y 保持不变，则 $W_3=X_1\times Y_1\times Z_1$。

则 W_3-W_2 表示 Z 因素变动的影响，W_2-W_1 表示 Y 因素变动的影响，W_1-W_0 表示 X 因素变动的影响。

4. 差额分析法

差额分析法也称差额计算法，是连环替代法的简化形式，是根据各因素本期实际数值与标准数值的差额，直接计算各因素变动对经济指标影响程度的一种方法。

假定某一综合经济指标 W 受 X，Y，Z 三个因素的影响，它们之间的数量关系为

$$W=X\times Y\times Z$$

$$计划指标\ W_0=X_0\times Y_0\times Z_0$$

$$实际指标\ W_3=X_1\times Y_1\times Z_1$$

W_3-W_0即为分析的对象。

X 因素变动对综合经济指标 W 的影响数值＝$(X_1-X_0)\times Y_0\times Z_0$。

Y 因素变动对综合经济指标 W 的影响数值＝$X_1\times(Y_1-Y_0)\times Z_0$。

Z 因素变动对综合经济指标 W 的影响数值＝$X_1\times Y_1\times(Z_1-Z_0)$。

最后，将 X，Y，Z 三个因素各自对综合经济指标 W 的影响数值相加，这个代数和应该等于总差异 W_3-W_0。

三、成本报表的具体分析

产品成本报表的分析主要包括成本计划完成情况的分析、产品单位成本的分析以及技术经济指标变动对产品成本影响的分析。

1. 成本计划完成情况的分析

成本计划完成情况的分析，主要是全部产品成本计划完成情况的分析和可比产品成本降低目标完成情况的分析。

（1）全部产品成本计划完成情况的分析。

① 按产品品种进行成本计划完成情况分析：按产品品种分析成本计划完成情况是指将全部产品和各种主要产品的计划成本与实际成本对比，确定全部产品和各主要产品实际成本与计划成本的差异，从而了解成本计划的执行结果。

【例 13-3-1】 康华公司生产甲、乙、丙三种产品，其中，甲、乙产品为可比产品，丙产品为不可比产品，该企业 12 月产品成本分析如表 13-3-1 所示。请按产品品种进行成本计划完成情况分析。

表 13-3-1　　产品成本分析表（按产品品种）

编制单位：康华公司　　20××年 12 月　　单位：元

产品名称	实际产量总成本		实际与计划的差异	
	计划总成本（元）	实际总成本（元）	升降额（元）	升降率（%）
	1	2	3＝2－1	4＝3÷1
可比产品合计	806 000	754 400	－51 600	－16.83
其中：甲产品	350 000	266 900	－83 100	－23.74
乙产品	456 000	487 500	31 500	6.91
不可比产品合计	444 000	457 000	13 000	2.93
其中：丙产品	444 000	457 000	13 000	2.93
全部产品	1 250 000	1 211 400	－38 600	－3.09

分析：本年累计全部产品成本实际总成本与计划总成本下降了 38 600 元，下降率为 3.09%，可见该企业在执行成本计划方面有了降低。但是全部产品成本计划完成不平衡，其中可比产品中甲产品实际成本比计划成本下降了 83 100 元，成本节约率为 23.74%；乙产品实际成本比计划成本超支了 31 500 元，成本超支率为 6.91%。甲、乙产品构成可比产品成本降低额为 51 600 元，成本节约率为 16.83%；不可比产品成本超支额为 13 000 元，成本超支率为 2.93%。

② 按成本项目进行成本计划完成情况分析：按成本项目分析成本计划完成情况是将全部产品总成本按成本项目逐一汇总，并与按实际产量调整后的计划总成本对比，确定每个成本项目的降低额和降低率，分析总成本变动的原因。

【例 13-3-2】 康华公司 12 月全部产品成本项目汇总资料如表 13-3-2 所示。请按成本项目进行成本计划完成情况分析。

表 13-3-2　　产品成本分析表（按成本项目）

编制单位：康华公司　　20××年 12 月

产品名称	实际产量总成本		实际与计划的差异	
	计划总成本（元）	实际总成本（元）	升降额（元）	升降率（%）
	1	2	3=2−1	4=3÷1
直接材料	350 000	355 000	5 000	1.43
直接人工	122 000	120 500	−1 500	−1.23
制造费用	80 000	75 500	−4 500	−5.63
全部产品	552 000	551 000	−1 000	−0.18

分析：康华公司 12 月全部产品成本实际总成本比计划总成本下降了 1 000 元，下降率为 0.18%。主要是由于直接人工和制造费用分别下降了 1 500 元和 4 500 元，下降率为 1.23%和 5.63%，而直接材料超支了 5 000 元，超支率为 1.43%。企业应该进一步查清直接材料超支的原因。

（2）可比产品生产成本计划完成情况分析：如果企业规定有可比产品成本降低计划，即可比产品成本的计划降低额或降低率，那么应当进行可比产品成本降低计划执行结果的分析。可比产品成本降低计划完成情况分析是指可比产品成本的计划降低额和计划降低率分别与其实际降低额和实际降低率的对比分析。可比产品生产成本计划完成情况分析，包含可比产品成本降低计划完成情况分析和可比产品成本降低计划完成情况因素分析。

① 按产品品种进行成本计划完成情况分析：主要通过对可比产品成本降低额和降低率、实际成本降低额和降低率的分析，来评价企业可比产品成本降低任务的完成情况，确定各因素的影响程度，为进一步挖掘潜力、降低成本指出方向。

【例 13-3-3】 康华公司 12 月甲、乙两种可比产品计划成本和实际成本资料如表 13-3-3 和表 13-3-4 所示。

表 13-3-3 可比产品计划成本资料

编制单位：康华公司 20××年 12 月

产品名称	计划产量	单位成本		总成本		成本降低指标	
		上年实际（元）	本年计划（元）	按上年实际单位成本计算（元）	按本年计划单位成本计算（元）	降低额（元）	降低率（%）
	1	2	3	4=1×2	5=1×3	6=4－5	7=6÷4
甲产品	1 200	300	295	360 000	354 000	6 000	1.67
乙产品	800	242	236	193 600	188 800	4 800	2.48
合计				553 600	542 800	10 800	1.95

表 13-3-4 可比产品实际成本资料

编制单位：康华公司 20××年 12 月

产品名称	实际产量	单位成本		总成本		成本降低指标	
		上年实际（元）	本年实际（元）	按上年实际单位成本计算（元）	按本年实际单位成本计算（元）	降低额（元）	降低率（%）
	1	2	3	4=1×2	5=1×3	6=4－5	7=6÷4
甲产品	1 250	300	293	375 000	366 250	8 750	2.33
乙产品	810	242	235	196 020	190 350	5 670	2.89
合计				571 020	556 600	14 420	2.53

分析：通过以上表格结果可以看出，企业超额完成了可比产品成本降低任务，计划降低额为 10 800 元，实际降低额为 14 420 元，多降低了 3 620 元，比计划降低率多降低了 0.58%。在此基础上应进一步分析影响可比产品成本降低计划完成情况的各种因素，以便做出正确的评价。

② 可比产品成本降低计划完成情况因素分析。影响可比产品成本降低计划完成情况的因素概括起来有三个，分别是产品产量变动因素、产品品种结构变动因素和单位成本变动因素。

a. 产品产量变动因素的影响。产品产量变动的影响就是由于实际产量比计划产量增加或减少而影响可比产品成本降低计划的完成情况。可比产品的成本降低计划是根据计划产量计算的，实际成本降低额和降低率是根据实际产量计算的，因此，产量的增减必然会影响可比产品成本降低额，使之发生同比例的变动。产品产量变动因素的计算公式如下。

产量变动对成本降低额的影响＝（实际产量－计划产量）×上年实际单位成本×总计划成本降低率

将其运用到【例 13-3-3】中，即

产量变动对成本降低额的影响＝（1 250－1 200）×300×1.95%＋（810－800）×242×1.95%
＝339.69（元）

b. 产品品种结构变动因素的影响。产品品种结构是指各种产品在全部产品数量中所占的比重。各种产品的成本有的降低，有的超支；且降低程度不同，有的降低得多，有的降低得少。因此，当产品品种结构发生变动时，就会影响可比产品成本降低额和成本降低率的升高或降低。产品品种结构变动因素的计算公式如下。

$$产品品种结构变动对成本降低额的影响=实际产量×(上年实际单位成本-本年计划单位成本)-实际产量×上年实际单位成本×总计划成本降低率$$

$$产品品种结构变动对成本降低率的影响=\frac{产品品种结构变动对成本降低额的影响}{实际产量×上年实际单位成本}$$

将其运用到【例 13-3-3】中，即

产量品总结构变动对成本降低额的影响=[1 250×（300－295）－1 250×300×1.95%]+[810×（242－236）－810×242×1.95%]

=－24.89（元）

产品品种结构变动对成本降低率的影响=－24.89÷（1 250×300+810×242）=－0.004 4%

c. 单位成本变动因素的影响。可比产品计划成本降低额和实际成本降低额都是以上年成本为计算基础的，因此，可比产品成本降低任务的完成程度，实际上是各种产品单位成本发生变化的结果。产品实际单位成本比计划单位成本升高或降低，都会引起成本的降低额和降低率的变动。单位成本变动因素的计算公式如下。

$$单位成本变动对成本降低额的影响=实际产量×(计划单位成本-实际单位成本)$$

$$单位成本变动对成本降低率的影响=\frac{单位成本变动对成本降低额的影响}{实际产量×上年实际单位成本}$$

将其运用到【例 13-3-3】中，即

单位成本变动对成本降低额的影响=1 250×（295－293）+810×（236－235）=3 310（元）

单位成本变动对成本降低率的影响=3 310÷（1 250×300+810×242）=0.579 7%

综合产品产量因素、品种结构因素和单位成本因素对可比产品成本进行汇总，如表 13-3-5 所示。

表 13-3-5　　产品成本降低影响因素分析表

编制单位：康华公司　　20××年 12 月

影响因素	影响程度	
	降低额（元）	降低率（%）
产品产量	339.69	
产品品种结构	－24.89	－0.004 4
单位产品成本	3 310	0.579 7
综合影响	3 620	0.58

2. 产品单位成本的分析

对生产多种产品的企业，应当选择成本超支或节约较多的产品进行有重点的分析，分析主要产品单位成本的意义在于揭示各个产品单位成本及其各个成本项目的变动情况。因此，企业应当首先对各种主要产品的单位成本计划完成情况进行分析，以确定成本超支或节约较多的重点产品，然后按其成本项目（如直接材料、直接人工和制造费用）进行具体分析。

（1）产品单位成本计划完成情况分析：产品单位成本计划完成情况分析是将分析对象的各成本项目的实际数与计划数进行对比，确定差异额和差异率以及各成本项目变动对产品单位成本计划的影响程度，分析造成产品单位成本升降的原因。

【例 13-3-4】 康华公司甲产品是该企业的主要产品之一，且本年度成本超支，其 12 月成本项目如表 13-3-6 所示。

表 13-3-6 产品单位成本计划完成情况分析表

产品名称：甲产品 20××年 12 月

成本项目	单位成本			同上年实际比		同本年计划比	
	上年实际（元）	本年计划（元）	本年实际（元）	成本降低额（元）	成本降低率（%）	成本降低额（元）	成本降低率（%）
	1	2	3	4=3−1	5=4÷1	6=3−2	7=6÷2
直接材料	180	178	182	2	1.11	4	2.25
直接人工	80	82	81	1	1.00	−1	−1.00
制造费用	40	36	35	−5	−13.00	−1	−3.00
合计	300	296	298	−2	−10.89	2	−1.75

（2）单位产品成本项目完成情况分析：单位产品成本项目完成情况分析可对每个成本逐一进行分析，也可有选择地对某些成本进行重点分析，主要是对直接材料、直接人工和制造费用项目的分析。

① 直接材料项目的分析。直接材料在产品成本中所占的比重较大，是成本分析的重点。分析直接材料的变动情况，首先将材料费用的实际成本与计划成本相比较，然后再分析影响直接材料成本的因素。原材料费用的变动主要受原材料消耗量和原材料价格两个因素变动的影响。影响程度可以用公式计算如下。

原材料消耗量变动影响数＝（实际单位消耗量－计划单位消耗量）×原材料计划单价

原材料价格变动影响数＝单位产品实际消耗量×（原材料实际单价－原材料计划单价）

【例 13-3-5】 康华公司甲产品直接材料费用的资料如表 13-3-7 所示。

表 13-3-7 直接材料成本项目分析表

编制单位：康华公司 20××年 12 月

材料名称	原材料消耗量		原材料单价	
	实际数量（千克）	计划数（千克）	实际数量（元/千克）	计划数（元/千克）
A 材料	50	48	22	25
B 材料	35	32	18	19

原材料消耗量变动影响数＝（50－48）×25＋（35－32）×19＝107（元）

原材料价格变动影响数＝50×（22－25）＋35×（18－19）＝－185（元）

分析：上述结果表明，康华公司甲产品单位成本的直接材料费用实际比计划降低了 78 元。其中，由于原材料消耗量变动使材料费用升高 107 元，而原材料价格变动使材料费用降低了 185 元。

② 直接人工项目的分析。在计件工资制下，计件单价不变，单位产品的人工费用一般也不会发生变化；在计时工资制下，企业生产的多种产品工资费用一般按照生产工时比例分配计入各种产品成本。这时，产品单位成本人工费用的多少，取决于生产单位产品的工时消耗和小时工资率两个因素。

单位产品工时消耗差异＝（单位产品实际工时－单位产品计划工时）×计划小时工资率

小时工资率差异＝（实际小时工资率－计划小时工资率）×单位产品实际工时

【例 13-3-6】 康华公司甲产品直接人工成本项目的资料如表 13-3-8 所示。

表 13-3-8　　直接人工成本项目分析表

编制单位：康华公司　　20××年 12 月

项目	实际数	计划数
单位产品的工时消耗量（小时）	48	50
小时工资率（元/小时）	22	20

单位产品工时消耗差异＝（48－50）×20＝－40（元）

小时工资率差异＝（22－20）×48＝96（元）

分析：上述结果表明，康华公司甲产品的单位产品成本直接人工超支 56 元。其中，单位产品工时消耗变动使直接人工费用降低了 40 元，小时工资率变动使直接人工费用升高了 96 元。

③ 制造费用项目的分析。制造费用项目的分析类似于直接人工项目的分析，单位产品制造费用的变动主要受单位产品工时消耗量和每小时制造费用率的影响。

单位产品工时消耗差异＝（单位产品实际工时－单位产品计划工时）×计划小时制造费用率

小时制造费用率差异＝（实际小时制造费用率－计划小时制造费用率）×单位产品实际工时

【例 13-3-7】 康华公司甲产品制造费用的资料如表 13-3-9 所示。

表 13-3-9　　制造费用成本项目分析表

编制单位：康华公司　　20××年 12 月

项目	实际数	计划数
单位产品的工时消耗量（小时）	48	50
小时费用率（元/小时）	10	9.5

单位产品工时消耗差异＝（48－50）×9.5＝－19（元）

小时制造费用率差异＝（10－9.5）×48＝24（元）

分析：上述结果表明，康华公司甲产品的单位产品成本制造费用超支 5 元。其中，单位产品工时消耗变动使制造费用降低了 19 元，小时制造费用率变动使制造费用升高了 24 元。

3. 技术经济指标变动对产品成本影响的分析

产品单位成本除了受上述因素变动的影响之外，企业经济技术指标的变动也会给单位成本带来不同程度的影响。技术经济指标是指那些与企业的生产技术具有内在联系的经济指标。技术经济指标的变动会直接或间接影响企业的产品成本。通过技术经济指标变动对单位成本影响的分析，可以将成本分析与企业的经营管理结合起来，还可以将企业降低产品成本的目标与生产车间工人的生产工作数量和质量结合起来，提高企业的经济效益。

下面仅就产品产量、产品质量、材料利用率和劳动生产率等技术经济指标对产品成本的影响进行分析。

（1）产品产量变动对单位成本的影响：依据产量与成本的关系，将成本划分为变动成本和固定成本。当产量在相关范围内变动时，固定成本总额不会发生变化，单位产品中的固定成本则会随着产量的增加而减少，而单位产品中的变动成本不变。因此，在企业现有生产能力允许并且产品畅销的条件下，适当地增加产品产量是降低产品单位成本的一条有效途径。产量变动对单位成本的影响程度的计算公式如下。

$$\text{成本降低率}=\left(1-\frac{1}{1+\text{产量增长率}}\right)\times\text{计划固定成本占单位产品成本比重}$$

$$\text{成本降低额}=\left(1-\frac{1}{1+\text{产量增长率}}\right)\times\text{计划单位产品成本中的固定成本}$$

【例 13-3-8】 康华公司甲产品上年单位成本中的固定成本为 50 元，占单位成本的比重为 40%，本年的产量增长率是 100%，请分析产量变动对单位成本的影响。

成本降低率＝[1－1/（1＋100%）]×40%＝20%

成本降低额＝[1－1/（1＋100%）]×50＝25（元）

分析：产品产量的增加使甲产品单位成本降低了 25 元，成本降低率为 20%。

（2）产品质量变动对单位成本的影响：在生产耗费水平不变的条件下，提高产品的质量是降低产品成本的有效途径。衡量产品质量的指标主要是合格品率、废品率和等级品率等。合格品率越高，废品率越低，产品单位成本就越低。这里以不可修复废品的废品率为例，将废品率变动前后产品单位成本中的废品损失进行比较，可得出废品率变动对成本的影响额和影响率，其计算公式如下。

$$\text{废品率}=\frac{\text{废品数量}}{\text{合格品数量}+\text{废品数量}}\times 100\%$$

$$\text{废品损失占单位成本的百分比}=\text{废品率}\times\frac{1-\text{废品残值价值占废品成本的百分比}}{1-\text{废品率}}$$

【例 13-3-9】 康华公司的甲产品上年合格品产量为 1 000 件，废品数量为 10 件，单位成本为 300 元，废品残料价值占废品成本的 1%，本年合格品产量为 1 100 件，废品数量为 15 件，请分析废品率变动对产品成本的影响。

上年废品率＝10÷（1 000＋10）×100%＝0.990 1%

上年废品损失占单位成本的百分比＝[0.990 1%×（1－1%）]÷（1－0.990 1%）＝0.990 0%

上年产品单位成本中含废品损失金额＝300×0.990 0%＝2.97（元）

本年废品率＝15÷（1 100＋15）×100%＝1.345 3%

假定其他条件不变，废品率的变动对成本的影响如下。

本年废品损失占单位成本百分比＝[1.345 3%×（1－1%）]÷（1－1.345 3%）]＝1.350 0%

本年产品单位成本中含废品损失金额＝300×1.350 0%＝4.05（元）

分析：用于本年的废品率由上年的 0.990 1%上升为 1.345 3%，使单位产品成本中废品损失的比重由上年的 1.345 3%上升为 1.350 0%，所含废品损失金额上升了 1.08 元。

（3）材料利用率变动对单位成本的影响：材料的利用率是指投入的材料数量和实际利用的数量之间的比例。企业在使用材料的过程中，发生的损耗、边角余料、废料越少，说明材料的利用率越高，单位产品材料的消耗就会越低。材料的利用率变动对单位成本的影响程度的计算公式如下。

$$成本降低率=\left(\frac{上年实际原材料利用率}{本年实际原材料利用率}-1\right)\times 上年实际单位成本中原材料成本比重$$

【例 13-3-10】 康华公司甲产品上年实际原材料利用率为98%，上年实际单位成本中原材料成本所占比重为60%。在其他条件不变的情况下，本年实际原材料利用率为96%，请分析原材料利用率变动对单位成本的影响。

成本降低率=（98%÷96%－1）×60%=1.25%

分析：企业的材料利用率比上年降低了2%，使产品单位成本升高了1.25%。

（4）工人劳动生产率变动对单位成本的影响：工人劳动生产率提高，意味着单位工作时间的产量增加或单位产品的工时消耗减少，进而单位产品负担的工资费用减少，但是单位产品所耗的时间减少往往同时伴随着小时工资率的增长。因此，只有当劳动生产率的增长超过小时工资率的增长时，才能形成人工成本降低。劳动生产率变动对单位成本的影响程度的计算公式如下。

$$成本降低率=\left(\frac{劳动生产率增长率-平均工资增长率}{1+劳动生产率增长率}\right)\times 上年工资占产品单位成本比重$$

【例 13-3-11】 康华公司甲产品上年实际单位成本为300元，其中直接人工成本为80元，本年生产工人劳动生产率实际比上年增长了20%，小时工资率增长了10%，请分析工人劳动生产率变动对单位成本的影响。

上年工资占产品单位成本的比重=（80÷300）×100%=26.67%

成本降低率=（20%－10%）÷（1+20%）×26.67%=2.22%

分析：计算结果表明，劳动生产率的增长速度快于小时工资率的增长速度，使产品单位成本降低了2.22%。

参考文献

[1] 中华人民共和国财政部. 会计准则—应用指南 2006[M]. 北京：中国财政经济出版社，2006.

[2] 财政部会计司．企业产品成本核算制度（试行）讲解[M]．北京：中国财政经济出版社，2014.

[3] 毛波军．成本会计[M]．北京：科学出版社，2014.

[4] 周云凌，周敏．成本会计实训教程[M]．北京：北京理工大学出版社，2010.

[5] 张桂春．成本核算实务[M]．北京：人民邮电出版社，2012.

[6] 蒋国发．成本会计[M]．北京：清华大学出版社，2011.

[7] 宋胜菊，刘学华．成本会计（第 5 版）[M]．上海：立信会计出版社，2012.